Kurt von Eichborn

Der Skulpturencyklus in der Vorhalle des Münsters zu Freiburg im Breisgau

Kurt von Eichborn

Der Skulpturencyklus in der Vorhalle des Münsters zu Freiburg im Breisgau

ISBN/EAN: 9783744627245

Hergestellt in Europa, USA, Kanada, Australien, Japan

Cover: Foto ©ninafisch / pixelio.de

Weitere Bücher finden Sie auf **www.hansebooks.com**

DER SKULPTURENCYKLUS

IN DER

VORHALLE DES MÜNSTERS ZU FREIBURG IM BREISGAU.

INAUGURAL-DISSERTATION

ZUR

ERLANGUNG DER PHILOSOPHISCHEN DOCTORWÜRDE

EINER

HOHEN PHILOSOPHISCHEN FAKULTÄT

DER

UNIVERSITÄT HEIDELBERG

VORGELEGT VON

KURT MORIZ-EICHBORN.

STRASSBURG
UNIVERSITÄTS-BUCHDRUCKEREI VON J. H. ED. HEITZ
(HEITZ & MÜNDEL)
1898.

I. KAPITEL.

Gesamtanordnung und Bedeutung der Skulpturen.

Das Freiburger Münster zählt zu den ehrwürdigsten und schönsten Denkmälern, welche die Baukunst auf Deutschlands Boden geschaffen hat. Sein herrlicher Turmbau, dessen hochaufragende, wunderbare Steinpyramide den Sieg des deutschen Genius verkündet, hat nicht seinesgleichen, und in ähnlicher Weise unerreicht steht der Skulpturencyklus da, welchen die mächtige Vorhalle, zu der sein unterstes Geschoss ausgestaltet ist, sorgsam bewahrt. Die gleichen Gestalten wie einst schauen auch heute noch von ihren Wänden herab. Sie sahen Jahrhunderte kommen und gehen und vieles sich im Laufe der Zeiten verändern, nur sie selbst blieben unberührt davon. Die Anschauungen und Auffassungen, deren lebendiger Ausdruck sie einst gewesen, wandelten sich und wurden durch neue ersetzt, da schwand allmählich auch das Bewusstsein ihrer Bedeutung, und ihr inneres Leben erstarb. Aber wie eine alte Sage umschwebt sie geheimnisvoll ein Wehen verklungener Zeiten, und der poetische Schimmer einer fernen Vergangenheit erweckt sie zu neuem Leben. So reden sie wieder in ihrer stummen Sprache zu uns und wissen vom alten Freiburg und seinem Leben mehr vielleicht zu erzählen als die spärlichen Urkunden, welche aus damaliger Zeit auf uns gekommen sind. Denn ihre Sprache ist nicht gar so unverständlich und dunkel, wie man wohl meinen mag; getrost wollen wir versuchen, sie zum Sprechen zu bringen, und wollen den Dingen lauschen, welche uns die alte Vorhalle gleich einer ehrwürdigen Chronik von einer deutschen Stadt aus dem XIII. Jahrhundert zu berichten hat.

Weit und frei öffnet sie sich in einem mächtigen Portale nach aussen, reich und doch einfach von schlanken, doppelreihigen Säulenstellungen umrahmt, welche im Spitzbogen sich schliessend, von einem spitzgiebeligen Thürfelde überragt und eingeschlossen werden; es enthält eine Darstellung der Krönung Mariae (Tfl. 4, 4a, und 5). [1]

Wir treten in die Halle ein (Tfl. 20). Rings an den Wänden, welche nach der eigentlichen Kirchenthüre zu abgeschrägt sind, laufen drei Reihen steinerner Bänke entlang und schliesslich konvergierend auf die Oeffnung des Hauptportales zu, welch letzteres im reichsten Schmucke uns entgegenstrahlt. Von der obersten Bankreihe steigen Blendarkaden auf und ziehen sich jederseits mit vierzehn Bogenschwingungen bis zu den grossen, reich profilierten Bogen hin, welche zu viert auf jeder Seite, gleichfalls die oberste Steinbank zum Sockel nehmend, in ununterbrochenem Flusse emporstreben und in spitzem Winkel zusammenlaufend das Portal begrenzen (Tfl. 20a).

Ein mächtiges Tympanon bekrönt die Thüre, deren Deckbalken durch einen Mittelpfeiler gestützt wird (Tfl. 20b und 21). Er erhebt sich von einem starken Sockel, der, sich nach oben verjüngend, in gleicher Höhe wie die Steinbänke gehalten und wie diese profiliert ist. Der flach gebildete Pfeiler selbst zeigt bei rechteckigem Grundriss noch einen zweiten, kleineren Sockel, der gleichfalls mehrfach gegliedert ist; ebenso wie die in dreieckigem Grundriss ihm vorgesetzten drei kleinen Säulen, deren laubgeschmückte Kapitäle sich verschlingen und auf gemeinsamer Deckplatte die kleine Figur eines im Sitzen schlafenden Greises tragen. Zu beiden Seiten seines Hauptes, spriesst Blattwerk aus dem Pfeilerstamme hervor und umrahmt, sich an den Seiten des letzteren bis zum Thürsturze hinaufziehend, als reicher Fries diesen sowie das ganze Thürfeld. Ueber der Gestalt des Greises steht die Figur einer Madonna, welche das Christuskind auf dem Arme hält; ein reich gestalteter gotischer Baldachin bekrönt sie. (Tfl. 20b.)

Der gleiche zweite und kleinere Sockel wie am Thürpfeiler

zieht sich auch unter den vier grossen Spitzbogen und den ihnen entsprechenden, nischenartig erweiterten Kehlen der Portalwände hin; er ist mit zierlichen, miniaturhaft kleinen, vorkragenden Konsolen verziert. Die vertieften Laibungen der Thürwände zeigen das gleiche Bildungsmotiv wie der Mittelpfeiler der Portalöffnung: drei kleine Säulen, deren Kapitäle hier — statt einer Figur — einen gemeinsamen, hohen, mit Reliefs geschmückten Kämpfer-Aufsatz von abgestumpfter Dreieck-Form und auf diesem grosse Figuren tragen; die letzteren werden von gleichen Baldachinen wie die Madonna des Thürpfeilers bekrönt. Eine Ausnahme machen nur die beiderseitigen Sockel in der ersten, d. h. der der Thüre nächsten Kehle; sie sind als freie, offene Architekturen in Hallenform gestaltet (Tfl. 22 und 22a). Ueber den grossen Statuen der Portalwände folgt auf kleinem Sockel je eine Statuette, deren Baldachin dann für die nächstfolgende Figur den Sockel abgiebt. Je dreissig kleine Gestalten füllen in dieser Weise die vier Archivolten auf jeder Portalseite aus; je sechs in der ersten, sieben in der zweiten, acht in der dritten und neun in der äussersten Hohlkehle. Die beiden obersten Statuetten zeigen keine Baldachinbekrönung mehr. An dem Schnittpunkte der Archivolten befindet sich je eine freischwebende Gestalt.

Die reich und schön profilierten, grossen Spitzbogen, welche die Archivolten von einander trennen, schwingen sich in schlanker Bildung ununterbrochen aufstrebend vom gemeinsamen Sockel empor. Der Thüre zunächst folgt eine Kehle, sodass der Abschluss der Portalwände durch einen Bogen hergestellt wird. (Tfl. 20.)

Das Tympanon wird durch zwei Spitzbogengallerien in drei Felder zerlegt, von denen die beiden unteren die gleiche Höhe zeigen, während das oberste etwas niedriger gehalten ist; von der aus Laubwerk gebildeten Umrahmung des Thürfeldes haben wir schon gesprochen. (Tfl. 21.)

Die reich gegliederten Blendarkaden ziehen sich, unmittelbar an die letzten Portalbogen anschliessend an der ganzen Nord- und Südwand der Vorhalle hin und greifen im rechten Winkel mit zwei Bogen noch auf die West- das ist die Eingangswand über. Die schlanken Säulen, deren mit den Turmwänden fest verbundene Kapitäle die im Dreipass gestalteten Spitzbogen (Kleeblattform) tragen, die ihrerseits wieder von zier-

lichen Wimpergen überragt werden, steigen völlig frei vor der
Wand von einem kleinen Sockel empor, der ganz analog dem
der Portallaibungen gebildet ist; auch der doppelte Blätterkranz
der Kapitäle ist hier wie dort der gleiche. Auf den Langseiten befinden sich je elf Säulen und demgemäss je zehn Bogen und zehn
Wimperge. Zwischen den letzteren steht fortlaufend auf einfacher
Basis je eine ungefähr vier Fuss hohe Statue, im ganzen also
neun, da aber zwischen dem letzten Wimperge und der anstossenden Mauerecke einerseits und dem angrenzenden Portalbogen
andrerseits noch je eine Figur Platz gefunden hat, so ergiebt sich
als Gesamtzahl für jede Seite elf Statuen (Tfl. 23). Das schmale
Wandfeld der Eingangsseite zeigt beiderseits je zwei Bogen und
drei Statuen, sowie auf dem Kapitäl der letzten Säule, quer an
der Seite vorgeordnet, je eine Engelstatuette mit kleinem Baldachin, welche auf diese Weise von beiden Seiten den Eintretenden genau en face anblicken (Tfl. 26 und 29). Ueber sämtlichen
Statuen der Blendarkaden erheben sich prachtvolle, in eine hohe
Spitze auslaufende Baldachine. Unter den äusserst einfach gehaltenen Sockeln der Figuren befindet sich noch je ein ganz in
Laubwerk gehülltes Zwischenglied, welches den freibleibenden
Raum der Wimperge untereinander und gegebenen Falles der
der Wimperge und der Mauerecke geschickt ausfüllt und stets mit je
einem kleinen, wasserspeierartigen Zierstück verschiedenster Form
geschmückt ist (vielfach ergänzt). Auch das Feld der Wimperge
ist in der mannigfachsten Weise durch plastischen Schmuck in der
Form von menschlichen Gestalten und Köpfen, Tier- und Fabelwesen, Blattwerk oder dekorativen Ornamenten — die letzteren sind
öfters nur gemalt — belebt. Aus den Kreuzblumen der Wimperge
schauen einigemale menschliche Wesen mit dem Kopfe oder bis
zum halben Oberkörper hervor. Das Kapitäl der letzten Säule
auf der südlichen Seite der Westwand, also rechts gleich vom
Eingang, zeigt eine Gruppe von kleinen Figuren.
 Als Gesamtsumme aller grossen Statuen, welche dieses
architektonische Gerüst trägt, ergiebt sich die Zahl 28 (je 11 auf
den Lang- und je 3 auf den Schmalseiten); nimmt man dazu die
Gestalten der Portalwände — hier findet sich eine Doppelgruppe
— sowie die Madonna des Thürpfeilers, so sind es 38 grosse
Statuen. Fügen wir dann ferner noch die 64 Statuetten des eigent-

lichen Portales und die zwei am Eingange befindlichen kleinen Figuren hinzu, so haben wir alle Gestalten aufgezählt, welche der Skulpturencyklus der Vorhalle ausser den an Figuren ungemein reichen Reliefs enthält.

Bevor wir auf die Frage nach seiner Gesamtbedeutung eingehen können, wird uns zunächst die Betrachtung der Figuren und Reliefs nach ihrem Darstellungsinhalte im Einzelnen zu beschäftigen haben; erst nach Abschluss dieser, sowie der Erledigung einiger weiterer Vorfragen wird es statthaft sein, das Programm des ganzen Cyklus einer eingehenden Erörterung zu unterwerfen.[1]

A. Die grossen Statuen.

Westwand, nördliche Seite.

1. Gestalt eines jugendlichen Mannes (Tfl. 26).

Er trägt ein dickes Untergewand mit Aermeln und darüber ein ärmelloses Obergewand. Beide lassen die Füsse frei und sind an der rechten Körperseite in ihrer ganzen Länge offen, sodass dieser Körperteil völlig entblösst ist. Molche, Schlangen und Kröten bedecken ihn. Auf dem Kopfe trägt er einen mit Blüten verzierten Stirnreif; in der linken Hand hält er ein Paar Handschuhe mit leise angezogenem Unterarm gerade vor sich hin, in der erhobenen rechten hat er einen kleinen Blumenstrauss und macht mit ihr eine winkende Bewegung, wozu der freundlich grinsende Ausdruck seines Gesichtes vortrefflich passt. Die Erklärung dieser sonderbaren Gestalt verschafft uns das Gedicht des Konrad von Würzburg „dĕr wĕrlte lôn".

Es behandelt die bekannte Geschichte des fränkischen Ritters Wirent von Grâvenbĕrc, der zu Beginn des 13. Jahrhunderts lebte. Sein ganzes Streben war irdisch-nichtigen Zielen zugewandt und auf die Aussendinge der Welt, insbesondere die Minne, gerichtet:

   Ĕr hĕte wĕrtlîchiu wĕrc
   gewirket alliu sîniu jâr,
   sîn hêrze stille und offenbâr
   nâch dĕr minne tobte.[2]

Da trat eines Abends eine wunderbar gekleidete Frau, schöner als jedes irdische Weib in sein Gemach, die

> . . . alsô minneclich gevar,
> daz man nie schoener wîp gesach.
> ir schoene volleclichen brach
> für alle vrouwen, die nû sint.[4]

Es war Frau Welt, die gekommen war, ihrem Ritter für seine vielfachen Verdienste und sein Bemühen um sie den wohlverdienten Lohn zu bringen:

> «Diu Werlt bin geheizen ich,
> der dû nû lange hâst gegert.
> lônes solt dû sîn gewert
> von mir, als ich dir zeige nû.
> hie kume ich dir, daz schouwe dû!»
> Sus kêrte si im den rücke dar,
> der was in allen enden gar
> bestecket und behangen
> mit ungefüegen slangen,
> mit kroten unde nateren;
> ir lîp was voller blateren
> und ungefüeger eizen.
> vliegen und ameizen
> ein wunder drinne sâzen;
> ir vleisch die maden âzen
> unz ûf daz gebeine.
> si was sô gar unreine,
> daz von ir bloeden lîbe wac
> ein alsô engestlicher smac,
> den nieman kunde erlîden.
> ir richez kleit von sîden
> was vil jaemerlich gevar
> bleich alsam ein asche gar.[5]

Auch sonst findet sich dieser Vorgang noch mehrfach in der mittelalterlichen Litteratur, bald mehr bald weniger ausführlich, behandelt.[6] Die Herkunft der Freiburger Statue dürfte demnach festgestellt sein; wir wollen sie nach dem Vorgange Schäfers kurz als den „Fürsten der Welt" bezeichnen.[7]

2. Jugendliche weibliche Gestalt (Tfl. 26).

Sie ist bis auf ein Bockfell, das sie von hinten schräg umgenommen hat, gänzlich unbekleidet und stellt unzweifelhaft eine Allegorie der Sinnenlust dar, wir nennen sie Voluptas.

3. Engel (Tfl. 26).
Er hält in der linken Hand ein Spruchband mit der Inschrift: Ne Intretis, welche zu ergänzen ist: Orate, ne intretis in tentantionem. Dass sich dieser Warnungsspruch auf die ebenerwähnte Gestalt bezieht, kann keinem Zweifel unterliegen.[8]

Nordwand.

4. Aaron (Tfl. 26).
In der rechten Hand hält er ein Rauchfass, in der linken ein geschlossenes Buch; auf der Brust, an einem Kettchen um den Hals gehängt, trägt er das Täfelchen der zwölf Stämme.[9]

5. Sarah (Tfl. 26).
Ohne Attribute. Die linke Hand hat den Mantel etwas aufgenommen und ruht auf der Brust; die rechte hängt herab und ergreift leise den Mantelsaum; der Kopf ist ergänzt.[10]

6. Johannes der Täufer (Tfl. 26).
Seine linke Hand weist auf das von seiner rechten gehaltene Lammsymbol.

7. Abraham, im Begriffe Isaak zu opfern (Tfl. 25).
Er schwingt mit der rechten Hand ein breites Schwert, um den neben ihm stehenden, als Kind dargestellten Isaak zu töten, wird aber durch eine hinter seinem Haupte sichtbar werdende Hand, welche das Schwert erfasst, daran gehindert; mit der linken Hand ergreift er Isaak beim Kopfe.

Die Reihenfolge der vorgenannten Statuen muss bei irgend einer Renovation verändert worden sein, anders können wir uns ihre unchronologische Aufstellung nicht erklären. Zudem hat die Gestalt des Johannes unter dem zugehörigen Baldachine kaum Platz und trennt jetzt obendrein die nach unserer Annahme unbedingt zusammengehörigen Figuren von Abraham und Sarah. Vermutlich haben wir uns die ursprüngliche Anordnung so zu denken, dass an erster Stelle Abraham stand, auf ihn Sarah, dann Aaron und zuletzt Johannes d. T. folgte.[11]

8. Maria Magdalena (Tfl. 25).
In der vom Mantel bedeckten rechten Hand hält sie ein Salbgefäss; die linke Hand ist ein wenig vorgestreckt.

9—13. Die klugen Jungfrauen (Tfl. 24 u. 25).
Mit Ausnahme der letzten (13) halten sie sämtlich die Lampen in der rechten Hand; diese trägt sie in der linken.
14. Christus (Tfl. 24).
Mit der rechten Hand macht er eine winkende Bewegung, in der linken hält er ein geschlossenes Buch, wozu die bekannte Stelle aus dem rationale divinorum officiorum des Durandus (lib. I. cap. 3) zu vergleichen ist: Divina maiestas depingitur quandoque cum libro clauso in manibus, quia nemo inventus est dignus aperire illum nisi leo de tribu Juda.

Nördliche Portallaibung.

15. Ekklesia (Tfl. 22).
Sie hat die üblichen Attribute: in der rechten Hand einen mit zwei Bändern geschmückten Kreuzstab, in der linken (ergänzt) einen Kelch; auf dem Haupte trägt sie eine Krone.
Der Sockel, auf dem sie steht, enthält drei Darstellungen. Auf der Vorderseite bringt der hl. Andreas einem Königspaare seine beiden Kinder zurück, die ins Wasser gefallen, durch ihn aber wieder erweckt worden waren. Diese Deutung entnehmen wir mit Bock der Umschrift, welche hinter dem Kopfe des Heiligen sichtbar wird.[12] Auf der linken Seite findet anscheinend die Gründung eines neuen Ordens statt. Zwei Männer in Reisekleidung mit Sack und Hut auf dem Rücken knieen vor einem dritten Mann, der auf einem Thronsessel sitzt; er setzt dem einen von beiden eine Krone auf; sein rechter Arm, der gleichfalls ausgestreckt war, ist abgebrochen. Ueber ihnen schwebt ein Engel, der ein Spruchband hält. Die Scene auf der rechten Seite des Sockels entzieht sich einer genauen Deutung ihres Inhaltes. Dargestellt ist Christus, begleitet von zwei Jüngern; er hat die rechte Hand mit lehrender Gebärde erhoben, die linke hält ein Buch; vor ihm sitzt ein schlafender Mann, der auf seinem Schosse ein Buch hält. Den oberen Rand des Sockels schliessen kleine Baldachine ab.
16—18. Die hl. drei Könige (Tfl. 22).[13]
16. Der Mohrenkönig.
Er hält in der rechten Hand ein kleines Gefäss von der Form

einer Büchse; seine Charakterisierung als Mohr ist auf Kosten irgend einer Erneuerung zu setzen, da sie sich vor dem Ende des XIV. Jahrhunderts nirgends findet. Er ist in jugendlichem Alter dargestellt.

Der Sockel zeigt das Martyrium des Apostel Bartholomäus, der von fünf Männern geschunden wird; den Befehl hierzu erteilt ein von der rechten Seite heranschreitender Mann, auf dessen Rücken ein Teufel sitzt. Zur Linken thront ein König und neben ihm erblickt man eine Säule, die einen goldenen Stier trägt: offenbar das Götzenbild, dessen Anbetung der Heilige verweigert hat. Den oberen Abschluss des Sockels bilden wiederum kleine Baldachine, zwischen welchen Engel sichtbar werden; einer von ihnen hält ein Gewand.

17. Zweiter König.

Er wendet sich mit dem Kopfe zum Mohrenkönig zurück und weist mit der rechten Hand nach vorwärts in der Richtung der Thüröffnung des Portales; in der linken Hand hält er ein kleines rundes Gefäss (ergänzt). Er steht im besten Mannesalter.

Die rechte Seite des Sockels zeigt den Tanz der Salome unter Musikbegleitung vor Herodes und Herodias, die hinter einer Tafel sitzen. Auf der linken Seite wird Johannes enthauptet, und auf der Vorderseite sein Kopf auf einer Schüssel dem Königspaare dargebracht. Den Sockel begrenzen Baldachine.

18. Dritter König.

Ein würdiger Greis; er ist aufs rechte Knie niedergesunken und hält in den beiden, hoch empor gehobenen Händen einen Pokal; die abgenommene Krone liegt auf dem linken Knie. Er schaut zu einem über ihm schwebenden Engel auf, der in seinen Händen einen Stern hält.

Der Sockel hat die Gestalt einer freien, sechssäuligen Halle. Die Säulen sind durch Spitzbogen verbunden, und diese werden von Wimpergen überragt, zwischen denen über wasserspeierartigen Gebilden je eine, im Ganzen also sechs männliche Gestalten sitzen; diese letzteren halten teils Spruchbänder, teils Bücher und werden von ganz einfachen Baldachinen bekrönt. Im wesentlichen finden wir hier somit denselben architektonischen Aufbau, wie ihn die Blendarkaden der Vorhalle zeigen. Im Innern der Halle wird ein Engel sichtbar, der, in der Luft schwebend, ein Rauchfass schwingt.

Die Darstellung hängt mit derjenigen zusammen, die sich am Sockel der gegenüberstehenden Portalstatue befindet.[14]

Thürpfeiler.

19. Maria mit Kind (Tfl. 20^b).

Auf dem linken Arm hält sie das Christkind, in der rechten Hand einen kleinen Strauss (ergänzt). Zu ihren Füssen sitzt eine Greisengestalt. Es ist Isai, — das Ganze eine der originellsten Darstellungen der Wurzel Jesse.[15]

Südliche Portallaibung.

20. Engel der Verkündigung (Tfl. 22a).

Er bildet mit der folgenden Gestalt der Maria zusammen die Scene der Verkündigung. In der linken Hand hält er eine Schriftrolle mit dem bekannten Grusse: ave Maria gratia plena; mit der rechten Hand (ergänzt) wendet er sich an die Jungfrau. Der Sockel zeigt die gleiche Hallenarchitektur wie unter Figur 18; hier befindet sich im Innern des Raumes ein Rauchfass schwingender Priester. Offenbar haben wir also in den beiden Darstellungen die Scene der Ankündigung der bevorstehenden Geburt Johannes des Täufers an Zacharias im Tempel zu erblicken. Dass die Personen der Gruppe durch den dazwischen stehenden Thürpfeiler ungebührlich auseinander gerückt sind, darf uns nicht stören; die Auflösung einer Scene in ihre einzelnen Figuren ist in der Sprache der plastischen Kunst durchaus nichts Ungewöhnliches. Man erinnere sich nur der Darstellung der Verkündigung, die sehr oft, wie ja auch hier in Freiburg, getrennt wird. An der Westfassade in Reims findet dasselbe sogar mit der figurenreichen Komposition der Darstellung Christi im Tempel statt. Dass aber die Scene nicht an zwei aufeinander folgenden Sockeln dargestellt wurde, forderte schon die künstlerische Rücksicht, welche unbedingt eine Gegenüberstellung und symmetrische Anordnung gleichartiger Glieder verlangt.

21. Maria (Tfl. 22a).

Beide Hände sind ergänzt; auf der rechten sitzt jetzt eine Taube, sie ist natürlich eine freie Zuthat des Restaurators.[16]

Der Sockel zeigt eine fortlaufende Darstellung. Aus einer offenen Kirchenthüre schreiten auf der linken Seite vier Apostel heraus, die sämtlich Attribute tragen, von denen aber nur Petrus durch den Schlüssel und Lukas durch das Ochsensymbol kenntlich sind. Vor ihnen kniet Thomas, der seine Hand in die Wundenmale des neben ihm stehenden Christus legt; auf diesen folgt eine weibliche Gestalt (Maria?). Ein Baldachinkranz schliesst den Sockel ab.

22. und 23. Die Heimsuchung (Tfl. 22a).

Maria, rechts stehend, hält in der linken Hand ein Buch und hat den rechten Arm um den Rücken der links neben ihr stehenden Elisabeth gelegt; diese umschlingt ihrerseits mit ihrem linken Arm Maria und legt ihre rechte Hand auf deren Brust; teilnahmsvoll schaut sie Maria wie überrascht und ängstlich fragend an.

Auf der Vorderseite des Sockels ist das Martyrium des Evangelisten Johannes dargestellt; er sitzt mit gefalteten Händen in einem Kessel siedenden Oeles; rechts und links je ein Henkersknecht. Ueber seinem Haupte werden Engelsköpfe mit Flügeln sichtbar. Auf der linken Seite wohnt ein Königspaar, wohl Domitian und seine Gemahlin, in deren Zeit das Martyrium fällt, auf der rechten ein Geistlicher und eine fromme Schwester dem Vorgange bei. Kleine Baldachine umziehen den oberen Rand des Sockels.

24. Synagoge. (Tfl. 22a).

Auch diese hat die üblichen Attribute: in der rechten Hand die zerbrochene Fahne, in der herunterhängenden linken ein geschlossenes Buch; auf dem Haupte trägt sie eine Krone, über den Augen eine Binde.

Die Vorderseite des Sockels nimmt das Martyrium Petri ein, der in langem Gewande mit dem Kopfe nach unten von vier Henkern gekreuzigt wird. Auf den beiden Seiten sehen wir je einen König auf einem Throne sitzen; neben jedem steht eine weibliche Gestalt. Auch hier bilden wieder kleine Baldachine den Abschluss des Sockels.

Südwand.

25—29. Die thörichten Jungfrauen (Tfl. 27 u. 28).
Sie halten sämtlich mit fast gleichen Bewegungen die umgekehrten Lampen in der rechten Hand.

30—36. Die sieben Wissenschaften (Tfl. 28. u. 29).
Ihre Namhaftmachung im einzelnen ist in unserem Falle nicht ganz leicht; wir geben daher unsere Benennungen nur mit Vorbehalt.

30. Grammatik (Tfl. 28).
Richtiger Paedagogie; sie hält in der rechten Hand eine Rute, im Begriffe einen rechts neben ihr stehenden Knaben, den sie mit der linken Hand am Ohre fasst, zu züchtigen; dieser hat bereits sein Gewand ausgezogen, hält es in der linken Hand und schaut bittend zu ihr auf, indem er die rechte Hand mit flehender Gebärde emporstreckt. Links zu ihren Füssen sitzt ein anderer Knabe, welcher mit ängstlichem Fleisse in einem Buche liest.

31. Dialektik (Tfl. 28).
Sie legt mit äusserst charakteristischer Gebärde den Zeige- und Mittelfinger der rechten in die geöffnete linke Hand; der nur ganz wenig geneigte Kopf schaut mit lächelnder Miene etwas zur Seite heraus.

32. Rhetorik (Tfl. 28).
Wir haben die Statue nach dem gewöhnlichen Vorgange als Rhetorik angesprochen, obwohl uns keiner der Gründe, welche man bisher für diese Benennung ins Treffen geführt hat, so recht befriedigt. Die Gestalt hält nämlich in beiden Händen einen Haufen goldner Münzen, und man hat gedacht, dass dadurch die Rhetorik „in Anlehnung an die antike Auffassung als die einträglichste der Künste bezeichnet werden soll". Aber weder dies will uns einleuchten, noch fühlen wir uns durch das Gold an den Namen Chrysostomus erinnert, noch können wir schliesslich hierin eine versteckte Aufforderung: lauter wie Gold sei die Rede deines Mundes, ausgesprochen finden; ebensowenig können wir glauben, dass dadurch auf die Arithmetik als Zählkunst angespielt sein möchte. Denn diese wird meistens mit den Fingern rechnend oder mit einem Zahlenbrett dargestellt und liesse sich demnach eher noch in der vorerwähnten, von uns Dialektik genannten Gestalt vermuten. Eine durchaus sichere, einwandsfreie Bezeichnung wird

— 15 —

sich also vor der Hand für die Statue kaum finden lassen, und das ist auch der Grund, warum wir fürs erste bei ihrer alten Benennung geblieben sind.[17]

33. Geometrie (Tfl. 29).

Sie hält in der rechten Hand ein Winkelmass, in der linken einen Zirkel.

34. Musik (Tfl. 29).

In der rechten Hand hat sie eine kleine Glocke, an die sie mit einem Hammer, den sie in der linken Hand hält, schlägt.

35. Malerei (Tfl. 29).

In der linken Hand hält sie eine Palette. Der Arm ist jedoch ergänzt und offenbar unrichtig; welche Wissenschaft ursprünglich an ihrer Stelle dargestellt gewesen sein wird, lässt sich nicht entscheiden.

Westwand, südliche Seite.

36. Medizin (Tfl. 29).

Sie trägt in der linken Hand einen Krug. Ihr Auftreten im Kreise der Wissenschaften hat nichts Auffallendes an sich; erscheint sie doch schon um 800 im Gefolge der sieben freien Künste.[18] Immerhin wäre es möglich, dass wir hier eine unglückliche Ergänzung zu konstatieren hätten, und dass vielleicht ursprünglich die Astronomie mit einem Globus in der Hand dargestellt war; uns freilich scheint dies wenig glaublich.

Das Trivium finden wir demnach, sind unsre Benennungen im einzelnen richtig, vollzählig vertreten; aus dem Quadrivium dagegen fehlen Astronomie und Arithmetik; sie sind durch die Malerei und Medizin ersetzt worden. Es darf uns dies nicht wundern, da die mittelalterliche Kunst bei der Darstellung der sieben Wissenschaften durchaus nicht streng an der Einteilung des Triviums und Quadriviums festhielt und nicht nur bei der Auswahl der Disziplinen ganz nach Willkür verfuhr, sondern auch mit ihrer Zahl nach Belieben schaltete.[19]

37. Hl. Margaretha (Tfl. 29).

Sie ist leicht an dem Drachen zu erkennen, der wie gewöhnlich zu ihren Füssen liegt, in der linken unter dem Mantel verborgenen Hand hält sie ein Kreuz, in der rechten einen Blumenstrauss; beide Attribute sind ergänzt.

38. Hl. Katharina (Tfl. 29). In der rechten Hand hat sie einen Palmenwedel, in der linken ihr übliches Attribut in der Gestalt eines kleinen Rades; beide Abzeichen sind wieder ergänzt.

Unter dem Sockel der Statue befindet sich eine eigenartige Gruppe. Fünf männliche Gestalten sind teils mit dem Oberkörper, teils nur mit dem Kopfe sichtbar dargestellt; eine von ihnen hält ein offenes Buch und deutet darauf, eine andere daneben, welche deutlich erkennnbar einen Dominikanermantel umgeschlungen hat, übertrifft alle durch ihre Grösse. Ob dies nur auf ein Ungeschick des Verfertigers zurückzuführen ist, oder ob wir darin eine beabsichtigte Hervorhebung der als Dominikaner charakterisierten Figur zu erkennen haben, wird schwer zu entscheiden sein. Wahrscheinlich werden wir aber das Letztere anzunehmen haben. Unter der Gruppe ragt anstatt der sonst hier befindlichen Wasserspeierverzierung wagrecht der Oberkörper eines Mannes in Zeittracht heraus. Fast alle Köpfe sind ergänzt. Die Frage nach der Bedeutung dieser Gruppe wird uns später zu beschäftigen haben.

Wir müssen noch der beiden Engelstatuetten gedenken, welche sich, wie schon oben erwähnt, gleich rechts und links vom Eingange an den Sockeln der hl. Katharina und des „Fürsten der Welt" befinden. Der erstere ist ruhig stehend in Vorderansicht dargestellt und hält in der linken Hand ein Spruchband auf dessen Inschrift: „Vigilate et orate" er mit seiner rechten Hand hinweist. Der zweite schreitet mächtig in Seitenansicht und in gleicher Richtung wie ein die Vorhalle Betretender auf das Hauptportal zu. In der linken Hand hält er ein Spruchband, dessen Inschrift lautet: „Nolite exire". Ueber jedem Engel befindet sich ein kleiner gotischer Baldachin (Tfl. 26 und 29).

B. Das Portal.

I. Das Tympanon (Tfl. 21).

Das erste Feld

nehmen zwei Reihen von Darstellungen übereinander ein, von denen die untere vier Scenen aus dem Leben Christi und dem

Neuen Testamente enthält, und zwar von rechts nach links gehend: Die Verkündigung an die Hirten und Geburt, Geisselung und Gefangennahme, sowie den Selbstmord des Judas Ischariot. Warum diese unchronologische Reihenfolge der Ereignisse gewählt ist, vermögen wir nicht zu entscheiden. In den Ecken des Feldes stehen zwei Engel des Jüngsten Gerichtes, welche auf Posaunen blasen und den Uebergang vermitteln zu der oberen Reihe, in der links die Auferstehung der Gerechten, rechts die der Verdammten geschildert wird.

1. Verkündigung an die Hirten und Geburt Christi.

Maria ruht in eine Decke gehüllt auf einem tuchbehängten Lager und greift nach dem Christkind, welches neben ihr (auf der dem Beschauer abgekehrten Seite) in einer geflochtenen Krippe liegt und seine Hand an die Rechte der Madonna legt; rechts neben ihm werden ein Ochse und ein Esel, aus einer Krippe fressend, sichtbar. Zu Häupten Marias tritt ein gekrönter Engel mit einer Leuchte in beiden Händen an ihr Lager heran. Am Fussende sitzt Joseph auf einem Schemel; er hat seinen Kopf auf den linken Arm gestützt und hält in der rechten Hand einen Stock. Ueber ihm erscheint ein Rauchfass schwingender Engel. Es folgt rechts die Verkündigung an die Hirten. Ein Schaf und ein Widder weiden vor einem Baume, von dessen Blättern zwei Ziegen naschen. Neben seinem Wipfel erblicken wir einen heranschwebenden Engel, der ein Spruchband mit der Inschrift: „annuncio vobis" in den Händen hält. Diese Heilsbotschaft ergeht an einen Hirten, der mit erhobenem Haupte zu ihm aufblickt und voll Erstaunen die rechte Hand erhebt. Seine Linke stützt sich auf einen Stab mit gebogener Krücke; neben ihm sitzt sein Hund.

2. Geisselung Christi.

Christus ist an einen Baumstamm gebunden und wird von zwei Henkersknechten mit Geissel und Stecken gepeinigt.

3. Gefangennahme Christi.

Christus, in ruhiger Stellung, hält seine Hände wie abweisend und seine Unschuld beteuernd vor seine Brust. Ein hinter ihm stehender Mann ergreift seine linke Hand und versucht ihm ins Gesicht zu sehen, während von rechts ein Kriegsknecht heranschreitet und mit der linken Hand in die Halsöffnung seines Gewandes fasst; in der rechten schwingt er eine Axt. Von der andern Seite tritt Judas Ischariot auf Christus zu, legt beide Hände auf seine Schultern und sieht ihn fragend an; ein Kriegsknecht hinter Judas hält eine Fackel über Christi Haupt. Vor letzterem und Judas ist Malchus in die Knie gesunken und wendet sein Haupt zu Petrus zurück, der hinter ihm stehend, das Schwert auf ihn zückt. Rechts neben Petrus wird noch ein Kriegsknecht sichtbar.

4. Selbstmord des Judas Ischariot.

An einem Baume hängt Judas mit einem starken, um den Hals geschlungenen Strick, in den seine linke Hand, wie in Todesangst, um noch den Versuch zu einer Rettung zu machen, greift. Der herabhängenden rechten Hand entfallen wohlgezählte dreissig Geldstücke, und aus dem geborstenen Leibe kommen die Eingeweide heraus. In den Zweigen des Baumes tragen zwei Teufel mit vergnügtem Grinsen seine Seele davon, die in Gestalt eines nackten, auf zwei Stangen aufgespiessten und laut wehklagenden Kindes dargestellt ist.

5. Die Auferstehung der Gerechten.

Aus den schräg neben einander gestellten, sarkophagartigen Gräbern erheben sich, meist unbekleidet, die Toten; nur einige Dominikaner und Franziskaner haben ihre volle Tracht erhalten, und hier und da sieht man Gestalten im Begriffe Kleider anzulegen. Vor den Sarkophagen liegen einige Totenschädel, wohl als Andeutung „der zurückbleibenden irdischen Hülle".[10] Genau in der Mitte der ganzen oberen Reihe gegenüber dem die Verdammten einleitenden Teufel steht der Erzengel Michael,[21] mit der Linken eine still abweisende Bewegung gegen den Bösen machend, in der Rechten eine (teilweise ergänzte) Wage haltend, deren linke Schale mit einer frommen Seele nach unten sinkt, während die rechte nach oben schnellt, obwohl sich zwei Teufel in dem vergeblichen Bemühen, sie herabzudrücken, an ihr festgeklammert haben.

6. Auferstehung der Verdammten.

Im Gegensatz zu den Gerechten sind sie gänzlich unbekleidet; ob damit eine symbolische Andeutung ausgesprochen ist, dass ihnen die guten Thaten fehlen, welche jene aufzuweisen haben, mag dahingestellt bleiben.[12] Mit Zeichen des Schreckens und der

Verzweiflung erheben sie sich aus den Gräbern, eingeleitet durch einen Teufel, welcher entsetzt und händeringend auf den ihm gegenüberstehenden Engel Michael blickt.[13] Am Ende der Reihe sitzt eine abgemagerte Gestalt mit einem Totenkopfe; es ist nicht womöglich, dass wir in ihr nach dem Vorschlage Bocks eine Personifikation des ewigen Todes, dem die Verdammten verfallen sind, zu erkennen haben.[14]

Das zweite Feld

enthält gleichfalls zwei Reihen von Darstellungen über einander: links den Zug der Seligen, rechts den der Verdammten; auf einer Wolkenschicht über ihnen sitzen die zwölf Apostel. In der Mitte des Feldes ist die Kreuzigung, beide Figurenreihen durchschneidend, dargestellt. Der ganze Raum zerfällt also gleichsam in vier Teile.

1. Die Kreuzigung.

Das Kreuz ist — einer der selteneren Fälle — als Baum gebildet[15] und trägt auf seiner Spitze ein Nest, in dem zwei junge Pelikane sitzen; der alte steht über ihnen und öffnet mit dem Schnabel seine Brust: es ist das bekannte, auf den Opfertod Christi bezogene Symbol.[16] Der übliche Totenschädel am Fusse des Kreuzes fehlt nicht. Zur Linken stehen Maria und Johannes mit gefalteten Händen, zur Rechten zwei Kriegsknechte, von denen der eine auf Christus weist, der andere mit Schwert und Lanze gerüstet, ruhig dem Vorgange zusieht (Pilatus und Longinus?). An Maria und Joseph schliessen sich dann nach links, also rechts vom Heiland aus (!), in langem Zuge

2. die Seligen:

Voran ein Kirchenfürst und ein Bischof; es folgt ein Königspaar und ein älterer Mann, der in der linken Hand ein Spruchband mit der Kreuzaufschrift INRI hält.[17] Daran reiht sich die ungemein liebliche Gruppe eines Jünglings, der die linke Hand einer neben ihm stehenden Jungfrau ergreift und an sein Herz drückt, indem er ihr gleichzeitig ins Gesicht blickt. Den Beschluss macht eine männliche und eine weibliche Gestalt; letztere ist ganz in Seitenansicht in die Kniee gesunken und streckt mit betender Gebärde ihre Hände empor.

In entsprechender Weise ist auf der andern Seite des Kreuzes neben den beiden Kriegsknechten dargestellt, wie

3. die Verdammten

von zwei Teufeln an einer Kette, die um die Hälse sämtlicher Personen geschlungen ist, in den weit aufgesperrten Höllenrachen am rechten Ende des Feldes hineingezogen werden. Besonders kenntlich sind zwei hohe Geistliche und ein König. Eine weibliche Gestalt mit einem Beutel voll Geldstücken in den Händen erfordert zu ihrer Deutung keinen grossen Scharfsinn. Die letzte Gestalt der Reihe neben dem zweiten Kriegsknechte ist männlich; sie trägt in der rechten Hand ein spitzes, dolchartiges Instrument und am rechten Arm einen Geldbeutel, stellt also vielleicht einen Geizhals oder einen Dieb dar; mit der linken Hand greift er in die Kette, um sich von ihr zu befreien.

4. Die Apostel

werden, wie bereits erwähnt, durch eine Wolkenschicht von den anderen Darstellungen des Feldes getrennt; sie sind sämtlich sitzend dargestellt und durch das die Wolken durchbrechende Pelikannest auf der Spitze des Kreuzes in eine nördliche und eine südliche Reihe geschieden. Den Abschluss bildet auf jeder Seite eine staudenartige, reichbelaubte Pflanze, die nur einen raumausfüllenden Zweck hat.[18] Durch Attribute oder sonstwie kenntlich gemacht sind nur Petrus: er hält den Schlüssel in seiner Linken, und Johannes: durch seine jugendliche Erscheinung, die Gestalt neben ihm, welche ein Schwert hält, könnte Paulus und der erste Apostel auf der andern Seite neben dem Pelikan Andreas sein; er hat ein griechisches Kreuz in den Händen.[19]

Das oberste und dritte Feld

zeigt Christus als Weltenrichter unter einem Baldachine thronend. Mit der rechten Hand entfernt er das Gewand von Schulter und Brust, sodass die Speerwunde sichtbar wird; die Linke ist erhoben und mit der offenen Fläche nach aussen gekehrt. Zu beiden Seiten knieen betend und fürbittend links Maria, rechts Johannes. Ueber und neben ihnen ist je ein Engel mit Dornenkrone, Kelch, Kreuz und Geissel angebracht. (Diese Attribute sind grösstenteils ergänzt). Die Ecken des Feldes nehmen zwei Posaunen blasende Engel ein, die nur mit dem halben Oberkörper sichtbar werden.

C. Die Archivolten.

Die erste Archivolte enthält auf jeder Seite sechs Engel, von denen die der südlichen Laibung Kronen, die der nördlichen Rauchfässer tragen.[30] An der Spitze der Archivolte befindet sich eine weibliche Gestalt, welche in ein weites, einfaches Gewand gekleidet ist und eine Sonnenscheibe in beiden Händen hält. Ihre Bedeutung ist nicht ganz klar, wenn es auch nach den Darlegungen von Bock immerhin möglich ist, dass wir in ihr Maria zu erkennen haben.[31] Wenigstens sind für diese Bezeichnungen wie Himmelskönigin, Wohnung der Sonne u. s. w. in der mittelalterlichen Litteratur sehr geläufig.[32]

Die zweite Archivolte nehmen auf jeder Seite sieben Propheten ein; an der Spitze erscheint, noch halb im Walfischrachen verborgen, Jonas; die übrigen halten Spruchbänder mit Namensbezeichnungen. Da jedoch einige unter ihnen zweimal wiederkehren — gewiss das Versehen irgend einer Renovation — andre unleserlich sind, und schliesslich die Gestalten überhaupt nicht durch weitere Attribute von einander unterschieden werden, ist es unnötig weiter auf sie einzugehen.[33] Jonas nimmt unter den anderen Propheten eine so hervorragende Stellung ein, weil er auf Grund des ihm widerfahrenen Wunders als ein Typus des auferstandenen Christus galt.

ein visch genant ist cête
der sunder alle mâsen
in sich verslant Jonâsen.
bî dem ist uns bezeichenheit
von Jêsu Cristó vůr geleit,
wan er verslicket wart alsam.
in slant daz ertrich unde nam
mit libe und ouch mit herzen.
sô daz deheinen smerzen
diu gotheit dâ von nie gewan.
alsam der grôze visch den man
drî tage in sinem libe dans,
daz in versêrte nie sîn graus,
sich vrouwe, alsô beleip din kint
zwô naht, ân allez underbint,
in dem ertrich unt gesunt.[34]

Die dritte Archivolte zeigt auf jeder Seite acht Könige und als Abschluss an der Spitze eine Gestalt, welche mit zwei Schwertern in den Händen aus Wolken herausfliegt. Eine Deutung derselben vermögen wir nicht zu geben; denn eine Darstellung des hl. Geistes, an die wir zunächst gedacht, kann es nicht sein. Zwar erscheint dieser auf zahlreichen Denkmälern als Mann in allen Lebensaltern, aber einerseits ist diese Personifikation grade im XIII. Jahrhundert nicht üblich gewesen, und andrerseits bemerken wir nie etwas von einem Attribute, ein Umstand, dem in unsrem Falle die beiden Schwerter direkt widersprechen würden,[85] Ausserdem ist es sehr fraglich, ob der gegenwärtige Zustand der Figur genau dem ursprünglichen entspricht. Die allerdings wenig zuverlässige Zeichnung des Portales in den Denkmälern des Oberrheins zeigt statt der heutigen rätselhaften Gestalt eine Christusfigur mit Reichsapfel und Scepter, wodurch dieser deutlich als der König der Könige charakterisiert werden würde.[86] Mag der Zeichner richtig gesehen haben, oder mag er durch den damaligen Zustand der Figur über ihre wahre Gestalt getäuscht worden sein, soviel werden jedenfalls auch wir als sicher annehmen müssen, dass die ursprünglich hier angebrachte Figur mit den anderen Statuetten der Archivolte irgendwie in Beziehung gestanden haben muss. Der erste König zu unterst auf der südlichen Seite ist durch die ihm beigegebene Harfe als David kenntlich gemacht. Sonst sind sie fast sämtlich übereinstimmend mit einem Untergewand und mit einem Mantel oder einem Kragen aus Hermelin gekleidet; alle tragen Scepter und Kronen.[37]

Die vierte Archivolte schliesslich enthält achtzehn Figuren aus der Patriarchenzeit, welche wir der beigegebenen Attribute wegen zum grössten Teile sicher namhaft machen können. Auf der südlichen Seite finden wir von unten an aufwärts gehend dargestellt:

1. Adam, unbekleidet; er verdeckt mit einem grossen Strausse seine Blösse.
2. Abel, auf seinen Händen ein Lamm tragend.
3. Seth, mit zum Gebet gefalteten Händen.
4. Noah, ein Boot tragend.
5. Melchisedek, mit einem Pokal, auf dem ein Brot liegt.
6. Abraham; er hält in der linken Hand ein Schwert und

packt mit der rechten einen sich aufbäumenden Widder bei den Hörnern.

7. Isaak, mit einem Reisigbündel auf seiner linken Schulter.

8. Jacob, er hält in der linken Hand eine Leiter.

9. Judas, „der mit Lia gezeugte Sohn des Jacob,. . . . auf welchen das Recht der Erstgeburt übertragen wurde, welches seine älteren Brüder verwirkt hatten; ihm weissagte auch der väterliche Segen die Herrschaft und zu Ende derselben die Ankunft des Messias".**

10. Moses, kenntlich vor allem an dem gehörnten Kopfe, dann an der Gesetzestafel in seiner linken und dem Führerstab in seiner rechten Hand.

11. Aaron, mit einer Schriftrolle in der rechten Hand.

12. Eleazar.

13. Einer der Kundschafter aus dem gelobten Lande, schwer an einer grossen Weintraube tragend; also vielleicht Kaleb.

14. Josua, mit Schwert und Schild, vielleicht auch Phineas.

15. Gideon, kenntlich durch das Lammfell auf seinem Schilde.

16. Debora oder Ruth.

17. Männliche Gestalt mit Aehrengarbe: Elias oder Boas.

18. Eva; neben ihr windet sich an einem Baumstumpfe die Schlange mit dem Apfel im Maule empor. Sie ist unbekleidet.

Die Spitze des Bogens nimmt die Gestalt Jehovas ein, — der Gott des Alten Bundes, die Rechte mit segnender Gebärde erhoben, in der Linken ein geschlossenes Buch haltend.**

II. KAPITEL.

Stil und Ausführung der Skulpturen.

Ein gütiges Schicksal hat über der Vorhalle gewaltet und verhindert, dass im Laufe der Zeit jemals ein ernstlicher Schaden sei es durch elementare Gewalten, sei es durch die blinde Vernichtungswutf anatischer Bilderzerstörer hervorgerufen, ihren reichen plastischen Schmuck betroffen hat. Nur die Fresken, welche ehemals die Wände mit Darstellungen aus der Armenbibel bedeckten, sind bis auf ganz wenige, kaum noch erkennbare Spuren verschwunden.[40] Da ausserdem das zur Verwendung gekommene Material — der feste, rote Sandstein der Vogesen — von vorzüglicher Beschaffenheit ist, sind in dem ganzen verflossenen Zeitraume nur zwei gründliche Restaurationen des Skulpturencyklus erforderlich gewesen, von denen die letzte sogar erst in allerneuester Zeit, nämlich im Jahre 1889, stattfand. Ueber die vorangegangene aus dem Jahre 1604 gaben zwei jetzt verschwundene Inschriften — eine lateinische und eine deutsche — an den Wänden der Vorhalle selbst Aufschluss; sie besagten, dass in jenem Jahre Jacobus Mock Friburgensis, Medicinae Doctor, academicus ordinarius publicus 40 annos Professor, et Maria Salome Hermaenin Thannensis Alsata coniuges ; cum id prodesse intelligerent ad dei et deiparae Virginis Mariae honorem, utriusque propylaei polydaedalas imagines, opere interpolato a Gabriel Schnewlin in Berenlap a Bolschweil, in ferina valle Praetore, Burcardo Frauenfeldero, Antonino Scherero Consulibus, Gallo Weis presbytero, augistissimi huius loci Fabricae praefectis et Procuratoribus, instaurarunt.[41] Bei dieser Gelegenheit haben wohl auch erst die Wissenschaften und einige andre Statuen die Unterschriften erhalten, deren hier und da in der Litteratur Erwähnung gethan wird, die aber jetzt schon wieder verlöscht sind. Dass diese nicht eine Ergänzung ursprünglicher Bezeichnungen gewesen sind, ergiebt sich mit Sicherheit aus dem Umstande, dass sie zu den wirklich dargestellten Erscheinungen teilweise garnicht stimmten. Denn beispielsweise war die heilige Margaretha als Dialektik, die heilige Katharina, allerdings mit mehr Recht, als Philosophia bezeichnet worden, während die Benennung des „Fürsten der Welt" als Calumnia direkt wie ein Auskunftsmittel für die damals vermutlich abhanden gekommene richtige Deutung der Statue erscheint ; die Bezeichnung der neben ihm stehenden weiblichen Statue als Voluptas hingegen entspricht auch unsrer Auffassung derselben. Jedenfalls erhellt aus diesem Schwanken zwischen Richtigem und Unrichtigem zur Genüge, dass die sämtlichen Bezeichnungen und Aufschriften in der Vorhalle in keiner Weise einen sicheren, positiven Wert für die Deutung der Skulpturen besitzen. Viollet-le-Duc's Ansicht, in den hiesigen

Statuen durch ihre (ehemaligen) Aufschriften ganz beglaubigte Typen derselben aus der damaligen Zeit zu besitzen,[42] kann demnach nicht mehr zu Recht bestehen, und ebenso ist die oben gegebene, auf eine Inschrift gestützte Deutung einer Sockeldarstellung unter der Ekklesia als Wunder des heiligen Andreas zum mindesten zweifelhaft.

Leider sind wir nicht genauer darüber unterrichtet, wie weit sich die Restauration von 1604 erstreckt und insbesondere, wie sie es mit der Neubemalung der Statuen gehalten hat; jedenfalls scheint man nicht streng der in Resten gewiss noch sichtbaren ursprünglichen Farbengebung gefolgt zu sein. Denn wie mir der Leiter der letzten Renovation, Herr Professor Geiges aus Freiburg, gütig mitteilt, fanden sich 1889 nach Entfernung der Schmutzschicht und eines oberen Farbenauftrages deutlich erkennbare Spuren einer früheren Bemalung vor; und diese sind es, nach denen er die farbigen Aquarellskizzen aufnahm, welche der modernen Polychromierung zu Grunde gelegt worden sind.[43] Wahrscheinlich haben wir in jenen Resten einen Abglanz der ursprünglichen Bemalung zu erkennen, da wir von einer weiteren, grösseren Restauration weder aus den Rechnungen der Bauhütte des Münsters noch aus sonstigen Urkunden etwas erfahren.[44] Ausserdem aber scheint auch die Art der Farbenwahl mit der damals üblichen übereinzustimmen, — wenn es gestattet ist, aus den allerdings äusserst spärlichen Spuren ehemaliger Bemalung auf zeitlich nahestehenden Denkmälern, wie sie z. B. das Grabmal der Anna von Hohenberg im Baseler Münster aufweist, einen vergleichenden Schluss zu ziehen.

Nach dieser Seite hin also dürfte die neueste Restauration, soweit möglich, das Richtige getroffen haben; auch der Umstand, dass die Gewänder fast durchweg mit breiten, querlaufenden Streifen dekoriert wurden, entspricht dem Modegeschmack des späteren 13. Jahrhunderts für gestreifte Tuche. Dagegen hat sie leider darin gefehlt, dass sie statt der damals gebräuchlichen, einfachen und leuchtkräftigen Lokalfarben zu matter Oelfarbenmischung griff und zum Schluss eine allzureichliche Vergoldung vornahm, so dass der Gesamteindruck kein ruhiger ist; ebensowenig wie wir hoffen können, überhaupt ein ganz getreues Abbild des alten Zustandes und der ehemaligen Wirkung des Cyklus wiedergewonnen zu haben. Auch die Vervollständigung des Rippengewölbes, welches bis zum Jahre 1889 nur die kapitällosen Anfänge von Rippen zeigte,[15] und die Einfügung eines plastisch verzierten Schlussteines, sowie die Bemalung der vier Gewölbezwickel mit je zwei altertümlichen, grossen Engelgestalten durch Professor Geiges bei derselben Gelegenheit haben dazu beigetragen, das einstmalige Aussehen der Vorhalle zu verändern. Ergänzungen von plastischen Bestandteilen des Cyklus sind glücklicherweise kaum nötig geworden; die wenigen bemerkenswerten Fälle darunter sind bereits bei der Besprechung der einzelnen Werke hervorgehoben worden.[16] Im allgemeinen gehören die Freiburger Skulpturen zu den am besten erhaltenen Werken der ganzen mittelalterlichen Plastik, sodass einer Prüfung derselben auf ihren Stilcharakter und ihren künstlerischen Wert hin keinerlei Schwierigkeiten in den Weg treten: die Kritik hat sicheren Boden unter den Füssen.

Der Freiburger Cyklus ist ein Werk vieler Hände, darüber belehren uns schon die grossen Statuen der Blendarkaden; aber grade diese letzteren erweisen sich andrerseits wieder trotz ihrer mannigfachen Verschiedenheiten schlagend als die Glieder einer grossen Familie, und der ganze Cyklus mit seinen zahlreichen Figuren ist eigentlich nichts weiter wie eine solche. Der Eindruck, den wir von seinem künstlerischen Gesamtbilde empfangen, ist der eines grossen Ganzen, dessen vielseitigen Teile sich zu einem einheitlichen Werke gleichen Charakters und gleichmässiger Wirkung zusammenschliessen, und man erkennt deutlich, wie die vielfachen, hier zusammenwirkenden Kräfte von einem gemeinsamen Willen geleitet und beherrscht wurden. Freilich, diese Gemeinsamkeit musste sich erst entwickeln: nur als die Folge eines längeren zielbewussten Zusammenarbeitens wird sie uns verständlich, ebenso wie ein einheitlicher Stil nicht fertig dem Boden entspringt, sondern immer erst geschaffen werden muss.

Der Freiburger Cyklus lässt sich das Geheimnis seines allmählichen Werdens leicht abfragen, denn seine einzelnen Teile fügen sich, da zu verschiedenen Zeiten entstanden, schon von selbst zu einem vollständigen Bilde stilistischer und künstlerischer Entwicklung zusammen. An ihrer Hand vermögen wir daher nicht nur die Ausbildung des der Freiburger Plastik eigenen Stiles genau zu beobachten, sondern wir verfolgen auch das künstlerische Können der Freiburger Steinmetzen von bescheideneren Anfängen bis zur Sonnenhöhe reifen und vollendenten Kunstschaffens.

Die Reihenfolge, in welcher die einzelnen Bestandteile der Komposition entstanden sind, stellt sich so dar, dass das architektonische Gerüst und von diesem die Blendarkaden der Vorhalle zuerst, dann das Portal mit den Reliefs des Tympanon und der Gestalt der Madonna, schliesslich die Figuren in den Archivolten und die grossen Freistatuen zur Ausführung gekommen sind. Die Priorität der Arkaden folgt mit Notwendigkeit aus der Art ihrer Konstruktion; sie sind nämlich wie die Einbindung der Basen und Kapitäle ihrer Säulen und der die Statuen bekrönenden Baldachine in die grossen Quader der Wände beweist, aus dem laufenden Steine gearbeitet und somit in stetem Zusammenhange mit den emporwachsenden Turmmauern entstanden. Das zur gleichen Zeit in Arbeit befindliche Portal konnte aber erst bei Einwölbung der Vorhalle seinen Abschluss finden, da seine Archivolten tief in das Gewölbe einschneiden; auch an ihm sind Sockel und Baldachine sämtlicher Figuren aus dem laufenden Steine gearbeitet. Die Fertigstellung der Scenen des Tympanon sowie die Ausführung der Madonna am Thürpfeiler muss sich gleich darangeschlossen haben; dann kamen erst die Statuetten und die grossen Statuen in Arbeit. Für die späte Entstehungszeit der letzteren spricht ganz deutlich der Umstand, dass, um ihre Aufstellung überhaupt zu ermöglichen, durchweg die beiden untersten Krabben der Wimperge weggeschlagen werden mussten. Verkehrt wäre es jedoch, hieraus schliessen zu wollen, dass nicht von vornherein die Errichtung von Statuen ins Auge gefasst worden sei; denn die sie bekrönenden Baldachine sind, wie bereits hervorgehoben, aus dem laufenden Steine gearbeitet und gehören also zu den frühest entstandenen Teilen der Vorhalle. Ohne die Annahme von Figuren unter ihnen, bliebe aber ihre Existenz unerklärlich.

Wir haben die zeitliche Aufeinanderfolge der einzelnen Teile des Cyklus kennen gelernt; jetzt gilt es, uns von ihrem stilistischen Charakter ein Bild zu verschaffen. Als geeignetstes Mittel hierfür empfiehlt sich eine vergleichende Betrachtung der verschiedenen Kopftypen, welche die jeweils zu ihnen gehörigen Figurenreihen aufweisen. Von der Ausführung der Skulpturen im allgemeinen und von ihrem rein künstlerischen Werte wird dann weiterhin zu sprechen sein.

Bereits die wenigen plastischen Bestandteile der Arkaden lassen deutlich die beiden Hauptstilrichtungen erkennen, welche dem Cyklus sein charakteristisches Aussehen verleihen. In Betracht kommen die beiden Engelstatuetten, welche gleich rechts und links vom Eingange angebracht sind, und einige halbfigurige Gestalten, welche aus den Kreuzblumen zweier Wimperge der südlichen Arkadenreihe herausschauen. Was sich sonst noch an figürlichem Schmuck zur Füllung der grossen Felder der Wimperge benutzt findet, ist ziemlich oberflächlich gearbeitet und somit für eine stilistische Untersuchung wenig geeignet. Die anderen Figuren dagegen können wir gleichsam als die Wurzeln des Freiburger Stiles bezeichnen. Gemeinsam ist ihnen die längliche Gestalt des Kopfes, die Form der Nase, eine im Wesentlichen gleiche Bildung des Mundes und eine deutliche Betonung des Kinnes. Das letztere wird häufig breit angelegt und zeigt dann meistens eine Doppelteilung. Der Mund wird von bald mehr, bald weniger stark ausgeprägten Falten begleitet und erscheint infolgedessen nicht selten wie von ihnen eingerahmt. Die Nase schliesslich setzt fein und schmalrückig ohne weitere Vermittlung mit sanfter Einbiegung an der Stirne an ; in ihrem weiteren Verlaufe verbreitert sie sich allmählich etwas gegen die Spitze hin. Die Flügel sind wenig ausgebildet, aber energisch eingekniffen. Trotz dieser gemeinsamen Merkmale unterscheiden sich aber doch die beiden Typen in sehr bemerkenswerter Weise. Während nämlich den Engeln eine auffallende Abschrägung der Wangen nach hinten zu und eine starke Hervorhebung der Augenknochen eigentümlich ist, fehlt den andern Gestalten beides. Sie zeigen vielmehr eine recht volle Wangenbildung und stellen überhaupt den scharfen, spitzigen Zügen des anderen Typus weichere und besser durchmodellierte Formen gegenüber.

Beiden Richtungen begegnen wir dann fast unverändert auf den Reliefs der Sockel unter den grossen Portalstatuen wieder, wobei zu beachten ist, dass der Typus der Engel, den wir im Gegensatz zu dem zweiten anderen kurz als den ersten bezeichnen wollen, wesentlich bei der Darstellung von bärtigen und älteren Männern zur Anwendung kommt, während der andere auf die Frauen und jugendlichen Männergestalten beschränkt bleibt. Ein sehr schönes Beispiel der letzteren Art bietet die Figur Johannes d. Ev. aus der Schilderung seines Martyriums (Sockel unter der Gruppe der Heimsuchung). Als etwas Neues für diesen Typus fällt uns die Neigung auf, gelegentlich die Wangen um ein Weniges abzuflachen und nicht mehr ganz so voll wie früher zu bilden. Auch finden sich hier und da bereits Ansätze, die lange Gesichtsform zu verkürzen und mehr zusammenzudrängen; wir werden sehen, wohin diese Umbildung führt. Zu erwähnen ist dann noch, dass die Angabe von Falten am Munde fortzufallen anfängt.

Wenden wir uns jetzt dem figurenreichen Portale zu, so haben wir gleich vorauszuschicken, dass es sichtlich unter dem alles beherrschenden Einfluss des ersten Stiles steht. Eine mustergültige Schöpfung von fast kanonartiger Gültigkeit ist die Statue der Madonna am Thürpfeiler: in ihr haben die oben genannten Merkmale des ersten Typus ihre vollendete Ausprägung erhalten. Wir können uns daher eine genaue Detailbeschreibung ersparen und brauchen nur noch auf die Bildung der Augen und des Mundes aufmerksam zu machen. Die Augenlider zeigen den Lidrand scharf ausgebildet; das obere ist breit und in der Mitte hochgezogen, das untere weich und fleischig gebildet. Der wohlgeformte Mund ist fein und zierlich und wird durch ein Paar scharfe Falten gegen die Wangen hin abgegrenzt. An die schmale, kleine, vierfach gegliederte Oberlippe schliesst sich in sanfter Rundung die etwas vollere Unterlippe.

Dieser Typus also ist es, der, wie wir ruhig sagen können, als das Normalmass für die zahlreichen Gestalten des Portales anzusehen ist, ja es erweckt fast den Anschein, als hätten die Steinmetzen, welche hier am Werke waren, alle Veränderungen, deren dieser Grundtypus möglich war, zur Darstellung bringen wollen, so verschieden und dabei doch gleichartig sind die einzelnen Figuren geraten. Aber unsre Behauptung hat nur bedingte Gültigkeit. Es ist wahr, wir können den zweiten Typus mit Ausnahme einiger wenigen Gestalten des Tympanon nirgends am Portale (abgesehen von den grossen Statuen der Laibungswände) nachweisen, ein umgestaltender Einfluss desselben auf den ersten Typus ist jedoch in gewissen Fällen unverkennbar. Wir werden seine Einwirkung immer da zu erkennen haben, wo wir sehen, dass man von der starken Abschrägung der Wangen zu Gunsten einer etwas volleren Bildung derselben abgegangen ist und die übermässige Andeutung der Augenknochen unterlassen hat.

Eine sehr bedeutsame Variation des ersten Stiles lernen wir in den Apostelgestalten des Tympanon kennen. Bei ihnen erhält die mächtig und bedeutend gebildete Stirn durch Runzeln einen lebhafteren Ausdruck; die Augenbrauen bilden eine scharfe, wenig geschweifte Linie und die Nasenwurzel ist im Gegensatze zu der sonst üblichen, sanften oder auch — besonders auf dem Tympanon — tiefen Einsenkung häufig mit Hülfe einer Querfalte kräftig herausmodelliert, sodass sich die Nase in markanter Weise von der Stirne abhebt. Diese Bildung geht auf viele der kleinen Statuetten aus den Archivolten über und findet sich auch bei einigen der männlichen grossen Figuren der Arkaden. Der Mund springt stark vor und ist bisweilen geöffnet.

Eine andre sehr wichtige Stufe stilistischer Weiterentwicklung zeigen uns die Gestalten des obersten Tympanonfeldes. Die Grundzüge des ersten Typus sind auch hier festgehalten, aber im einzelnen etwas verändert worden. Das allzu scharf pointierte sich Zuspitzen des Gesichtes hat sich verloren, dasselbe ist voller und breiter geworden, und seine Umrisslinie nähert sich dem Viereck. Die Wangen sind noch abgeschrägt, erscheinen jedoch nur mehr abgeplattet, und von einer Hervorhebung der Augenknochen ist wenig mehr zu merken: die Betonung des Kinnes ist beibehalten. Dieser Typus führt direkt zu den grossen Statuen der Blendarkaden hinüber: im Kreise der Wissenschaften begegnen wir ihm wieder.

Auch unter den Figuren der Archivolten treffen wir auf einige neue Abarten des ersten Typus. Das interessante an ihnen ist, dass sie gleichsam die Grenzen angeben, welche der Abwandlungsfähigkeit seiner Grundzüge gesteckt sind. Denn einerseits tritt uns in einer ganzen Reihe von Gestalten, aus der wir die Ruth hervorheben, der höchste Grad seiner Ausbildung nach der Seite spitziger, scharfer Modellierung entgegen, und andrerseits ersehen wir aus einer grossen Anzahl liebreizender Schöpfungen, welche Fülle von sinniger Schönheit diesem Typus zu eigen sein konnte, wenn man nur auf eine allzupeinliche Herausarbeitung seiner charakteristischen Eigentümlichkeiten verzichtete. Die Steinmetzen brauchten sich bloss einer weicheren Modellierung zu befleissigen und mehr Bedacht darauf zu nehmen, die einzelnen Flächen des Gesichtes sanfter in einander übergehen zu lassen, und die scharfe Betonung der Augenknochen sowie das übermässige Abschrägen der Wangen verschwand schon von selbst. Aus der Reihe der hierher gehörigen Gestalten erwähnen wir den Adam und den ersten König der dritten nördlichen Archivolte von unten, sowie Noah und Abraham. Man könnte sie fast — besonders die letzteren — als die Träger eines neuen Typus ansprechen, wenn uns nicht zahlreiche Entwicklungsübergänge ihren direkten und engen Zusammenhang mit den Figuren des ersten Typus in eindringlichster Weise predigten.

Eine uns schon bekannte Unterart desselben finden wir dann bei einer ganzen Anzahl der Prophetengestalten. Sie nehmen die in den Apostelköpfen des Tympanon eingeschlagene Richtung auf und bilden sie weiter aus. Es bleiben somit nur noch einige vereinzelt auftretende Typen zu erwähnen übrig, die sich zwar auch im allgemeinen Rahmen der beiden von uns gekennzeichneten grossen Stilarten halten, aber doch gewisse Besonderheiten aufweisen. Besonders reich an solchen abweichenden Typen ist die Engelarchivolte; einige unter ihnen erscheinen in ihrer spitzen, scharfen Ausbildung der Figurenreihe verwandt, in welche die Ruth gehört, andre wieder zeigen eine volle, runde Gesichtsform und nähern sich darin den Engeln des obersten Tympanonfeldes; zu ihnen gehört unter anderen auch die letzte Gestalt der Apostelreihe des Tympanon auf der südlichen Seite. Ganz im allgemeinen dürfen wir vielleicht die ersteren als eine Art Ausläufer des ersten Typus, die letzteren als eine Nebenrichtung des zweiten Stiles bezeichnen. Wo sonst noch fremdartige Bildungen auftauchen, wie in der Reihe der Verdammten rechts vom Kreuze oder hier und da bei den Henkern, da werden wir wohl mit Recht annehmen können, dass in diesem Falle die abweichende Typenbildung nur dem Bedürfnisse, einen stärkeren charakteristischen Ausdruck zu finden, zu Hülfe kam.

Die Statuen der Arkaden sind aller Wahrscheinlichkeit nach zum grossen Teile gleichzeitig mit den Gestalten der Archivolten ausgeführt worden. Dieser Umstand kann als Erklärung dafür

dienen, dass sie, um dies gleich festzustellen, überwiegend das G
präge des zweiten Typus zeigen. Denn nun wird uns klar, waru
wir diesen am plastischen Schmuck der Archivolten vermisste
und bloss indirekt nachweisen konnten: es hat offenbar eine Teilur
der Arbeitskräfte und zwar nach stilistischen Rücksichten stattg
funden; nur so ist es zu erklären, dass die beiden Hälften d
Cyklus im Grunde genommen je eine besondere Stilrichtung au
weisen. Dass trotz dieser Differenzen sein künstlerisches Gesam
bild eine durchaus einheitliche Wirkung ausübt, ist zunächst dei
gleichmässigen, feinen Geschmacke, welcher das ganze Werk au
zeichnet, und dem gemeinsamen, grossen Willen, der alles leitet
zu danken; sodann aber müssen wir ein ganz besonderes Gewicl
auf das gegenseitige Verhalten der beiden Stilrichtungen zu ei
ander legen. Wir haben bereits gelegentlich der Betrachtung d
Portalschmuckes darauf hingewiesen, dass der zweite Typus nicl
ohne Einfluss auf den ersten geblieben ist. Nun, genau das Gleicl
gilt jetzt in umgekehrter Weise für die Statuen der Arkadei
Bemerkten wir dort, wie der ursprünglich scharfe erste Typi
weicher und voller in den Zügen wurde, so sehen wir hier di
andre Richtung bisweilen das Abschrägen der Wangen annehmen
Die beiden Stile wirken also gegenseitig auf sich ein, der ein
wandelt seinen Typus nach dem Muster des andern und umge
kehrt; anfänglich getrennt nähern sie sich allmählich mehr un
mehr, um den höchsten Grad dieser Bewegung eben in den grosse
Statuen der Vorhalle zu erreichen. Diese stehen am Ende de
Entwicklungsreihe; in ihnen haben auch beide Richtungen die ai
fangs längliche Kopfform aufgegeben und mit einer kürzeren ver
tauscht. Das zuerst auf den Reliefs der Sockel und dann wiede
auf dem Tympanon einsetzende und hierauf gerichtete Bestrebe
hat damit sein Ziel erreicht.

Wenn gleichwohl die grossen Statuen vorzugsweise de
Charakter der zweiten Richtung tragen, so gereicht ihnen die
nur zum Vorteil. Denn der zweite Typus steht ohne Frag
künstlerisch bedeutend höher als der erste, da er sich von jet
lichen Uebertreibungen freihält und allein auf schöne Verhältniss
und Formen ausgeht; das beweist uns schon seine elegante Un
risslinie des Gesichtes. Dementsprechend sind auch die vorzüg
lichsten Figuren der Vorhalle diejenigen, welche den zweite

Typus am reinsten widerspiegeln: die Maria aus der Verkündigungsgruppe und einige der klugen und thörichten Jungfrauen. Am meisten in die andre Richtung schlagen die Wissenschaften und die hl. hl. Katharina und Margaretha sowie die Voluptas; der Beziehung der ersteren zu einigen Gestalten des Tympanon haben wir schon gedacht.

Wie lange aber die anfänglichen Stilprinzipien wirksam geblieben sind, erkennen wir deutlich an einer im übrigen recht geringfügigen Besonderheit. Die zu allererst betrachteten Figuren zeigten als charakteristisches Merkmal hin und wieder eine Doppelteilung des Kinnes: diese Bildung sehen wir jetzt vereinzelt auch hier noch auftauchen (Maria Magdalena, eine kluge Jungfrau).

Von kleinen Stilveränderungen sei auf das öfters sich findende Doppelkinn und die etwas verschiedene Form der Nase aufmerksam gemacht, welche im allgemeinen ziemlich stark gebildet wird und in der Mitte manchmal eine kleine Anschwellung zeigt. Irgendwie neue und nicht durch eine Vermischung der beiden Richtungen zu erklärende Typen finden sich dagegen nicht; man kann also wohl sagen, dass infolge der sich allmählich ausgleichenden Entwicklung der beiden ursprünglich verschiedenen Strömungen der Freiburger Stil erst in den grossen Statuen der Vorhalle seine eigentliche und durch die, wie wir sehen werden, gleichzeitig vollendete künstlerische Ausführung höchste Ausbildung erfährt: er wird original und vollkommen!

Verlassen wir jetzt das Gebiet der rein stilistischen Kritik und betrachten wir den Cyklus ausschliesslich von seiner künstlerischen Seite, so haben wir zunächst die architektonischen Details der Vorhalle ins Auge zu fassen. Ihre Ausführung verrät überall grosse Sorgfalt und Feinheit. Die sehr reich, aber durchaus klar profilierten Spitzbogen des Portales und die zahlreichen Einzelglieder der Arkadenreihe sind sämtlich vorzüglich gearbeitet und zeigen eine ungemeine Frische der erfindenden Phantasie wie der Thätigkeit des ausführenden Meissels. Die schlanken Säulen, welche die kräftigen und doch nicht schwer wirkenden Bogenreihen der Vorhalle tragen, sind prachtvoll geschnitten und ruhen mit ihren tellerförmigen Basen auf reichgegliederten, hohen Sockeln, deren zierliche konsolenartige Ansätze mit grösster Genauigkeit ausgeführt sind. Je drei solcher Säulchen von besonders eleganter und schlanker Bildung verbinden sich dann mit Hülle eines gemeinsamen, reich mit Reliefs geschmückten Kapitäles in den Kehlen des Portales zu einem Motive entzückendster Wirkung, welches selbst durch die ähnliche Gestaltung an den Blendarkaden der Sainte Chapelle in Paris nicht übertroffen wird. Die Krabben der Wimperge zeigen ein Uebergehen von ganz einfachen, streng geometrischen Formen zu freier, naturalistischer Laubbildung. Diese herrscht bereits ausschliesslich an den Kapitälen, welche Erdbeer-, Epheu-, Eichen-, Granat- und Reblaub in reichster Verwendung und frischer, saftiger Ausführung aufweisen. Die schönsten Formen aber entfalten die Laubgewinde, welche die Sockelträger der Statuen umhüllen, und die Kreuzblumen, aus denen hier und da menschliche Gestalten auftauchen. Man fühlt sich versucht an das wunderbare Reich der Blumenkinder aus der Alexandreïs des Ritters Berthold von Herbolzheim zu denken, wo zur Frühjahrszeit den Blüten Knaben und Mädchen entspriessen.[47] Prächtige Ausführung zeigt auch die Rosen- und Akanthusguirlande, welche am Thürpfeiler sich hinaufziehend das ganze Tympanon umrahmt. Weniger gut sind die figürlichen Teile der Arkaden ausgefallen, welche teils in menschlicher Form, teils in der phantastischer Tierwesen die freien Felder der Wimperge füllen, oder auch in Nachahmung von Architekturgliedern als wasserspeierartige Bildungen auftreten. Ihre künstlerische Bedeutung ist nicht gross; es genügt, dass sie ihre rein dekorative Aufgabe zur Zufriedenheit lösen.[48] Der für die Stilbestimmung wichtigen menschlichen Typen, denen wir hier begegnen, haben wir bereits ausführlich gedacht und können uns somit gleich zu den plastisch reichverzierten Kapitälen unter den grossen Portalstatuen wenden.

Nicht genug zu rühmen ist die Feinheit des Meissels, der aus dem schwer zu bearbeitenden, harten Sandsteine diese zierlichen Werke geschaffen hat. Die Reliefs zeigen eine sehr gedrängte und der Kleinheit des Raumes wegen mit Figuren überfüllte Komposition. Die Köpfe und auch fast durchweg die Hände der Gestalten sind dabei im Verhältnis zu gross geraten. Man wird dies dem Künstler wegen der grossen Schwierigkeit seiner Aufgabe gern nachsehen, weniger leicht ihm dagegen verzeihen, dass er, um alle seine Figuren und Darstellungen auf dem knappen Platze unterbringen zu können, hin und wieder willkürlich in der Grösse der Gestalten wechselt. Luftig und frei sind die kleinen Hallenarchitekturen auf den dem Portale nächsten Kapitälen; ihre Motive sind den Arkaden der Vorhalle entlehnt. Auch auf dem Tympanon ist die Komposition noch sehr gedrängt, aber obwohl der Künstler ängstlich bestrebt gewesen ist, keine Lücke zu lassen — charakteristisch dafür ist die Anordnung der Sträucher an den Enden der Apostelreihe — wirkt hier doch nicht die Fülle der Figuren so störend wie auf den Reliefs der Kapitäle, und die einzelnen Scenen schliessen sich in übersichtlicher Weise zu einem klaren Gesamtbilde zusammen. Dagegen finden sich auch hier noch bisweilen ähnliche Verstösse gegen die richtige Proportionierung der Gestalten wie dort. Die Komposition der einzelnen Scenen ist im allgemeinen recht geschickt. Wenn die Geisselung in ziemlich steifer Weise dargestellt ist, so entschädigt dafür desto mehr der dramatische Zug, welcher die Gefangennahme erfüllt.

Die Gruppen der Auferstehenden zeigen eine grosse Fülle von Variationen und einen steten Wechsel in den Stellungen; kaum ein Motiv ist wiederholt. Nur der Ausdruck der Gesichter ist etwas monoton. Ebenso lässt die Anatomie des Nackten noch recht viel zu wünschen übrig, wenn sich auch bereits deutlich ein Streben nach wirklichkeitsgetreuer Darstellung kund giebt; auf eine Unterscheidung der Geschlechter ist dem üblichen Gebrauche zufolge verzichtet worden.

Wie bei den Auferstehenden wird auch sonst noch, wo Reihen gleichartiger Gestalten auftreten; z. B. bei den Verdammten und Seligen auf dem zweiten Felde des Tympanon und den Aposteln ebenda durch wechselseitige Bewegungen und Gebärden ein lebendiges Bild erzielt. Die letzteren hat der Künstler thunlichst gegenseitig in Beziehung zu einander zu setzen versucht, indem er sie stellenweise wie in lebhaftem Gespräche begriffen dargestellt hat. In der Reihe der Seligen treffen wir aber auf ein Motiv, welches durch den sinnigen Fra Angelico da Fiesole seine ewig bewunderte und ewig wirksame Ausprägung erhalten hat: das Liebespaar, welches sich im Jenseits wiedergefunden hat. Diese liebenswürdige Darstellung allein vermöchte schon unsere Gunst ihrem Schöpfer zuzuweisen.[49] Eine weitere, entzückende Gestalt, welche wir seinem Meissel oder dem eines seiner Genossen verdanken, ist der leuchtertragende Engel, welcher behutsam mit bezaubernder Bewegung an Marias Lager herantritt. Vortrefflich ist auch sein Gegenstück charakterisiert, der zu Füssen der Madonna auf einer Steinbank ausruhende Joseph, welcher sein müdes Haupt auf die linke Hand gestützt hat. Diesen Beispielen lassen sich noch andere anreihen, welche den offenen Blick desjenigen, der diese Werke geschaffen hat, bezeugen: die zärtliche Bewegung, mit welcher die auf dem Bette ruhende Maria an das Kinn des neben ihr in der Krippe liegenden Christkindes fasst; die eifrige Sorgsamkeit, mit welcher in der Reihe der aus den Särgen auferstehenden Gerechten eine Frau (?) ihre Schuhe anzieht. Besonders gelungen im Ausdruck ist die Gestalt des die Hände entsetzt ringenden Teufels, welcher dem heiligen Michael, der die Seelen abwägt, gegenüber steht. Der Cruzifixus ist von edler Bildung und die Gestalt des Weltenrichters von würdigem Ernst.

Daneben bemerken wir, wie sich in den Männerköpfen ein Streben nach stärkerem Gefühlsausdruck und ein auf dramatische Wirkung gehender Zug bemerkbar macht; besonders an einigen der Apostelköpfe lässt sich dies erkennen. Die Mittel, durch welche der Künstler seine Absicht zu erreichen sucht, haben wir bereits bei der Besprechung der stilistischen Eigenschaften dieser Figuren kennen gelernt: sie erfüllen ihren Zweck in durchaus angemessener Weise. Weniger glücklich ist die Lösung, das Entsetzen der Verdammten zu schildern; hier finden sich in der Reihe der an einer Kette von zwei Teufeln in den Höllenrachen gezogenen Gestalten einige absonderliche Kopfbildungen mit übermässig grossem, breitgeöffnetem Munde.[50]

Gut dagegen sind die rohen Typen der Henkersknechte in der Geisselung und Gefangennahme gegeben; die entsprechenden Typen in den Marterscenen auf den Kapitälen gehen darin bisweilen zu weit und stellen mitunter wahre Abnormitäten dar. Dieser realistische Zug hat auch die recht eigentümliche und im Grunde noch sehr naive Gestalt des Judas Ischariot geschaffen: aus seinem geborstenen Leibe hängen sorgfältig aufgereiht die Gedärme heraus. Recht dem Leben abgelauscht ist hingegen der Umstand, dass er in höchster Todesangst in den seinen Hals zusammenschnürenden Strick greift, gleichsam als wollte er noch in letzter Stunde sich retten. Aehnlich ist das Motiv des Letzten der Verdammten, welcher mit schmerzhafter Gebärde in die um seinen Hals geschlungene Kette fasst.

Die Figuren des obersten Thürfeldes sind wegen der weiteren Entfernung vom Beschauer und der besseren Uebersichtlichkeit des Ganzen halber im Verhältnis etwas grösser gehalten als die Gestalten der anderen Felder; doch ist die Wirkung dieser Grössendifferenz so gut berechnet, dass der Untenstehende diese Abweichung kaum gewahr wird.

In unmittelbarem Zusammenhange mit den Reliefs des Thürfeldes und gleichzeitig mit ihnen entstand die Gestalt der Madonna mit dem Christkinde am Thürpfeiler: ein feines, zierliches Werk, das in der strengen Gebundenheit der Stellung und mit dem ernsten, nur durch ein freundlich-mildes Lächeln belebten Antlitze, dem reich, aber noch etwas steif bewegten Gewande, welches in eckige Falten gelegt ist, uns wie eine Knospe anmutet, bereit, sich zu einer schönen, jugendfrischen Blüte zu entfalten. Ein leiser, archaischer Zug ist diesem reizenden Werke eigen, ähnlich, wie ihn die griechischen Skulpturen aus den ersten Jahrzehnten des V. Jahrhunderts[51] aufweisen, kurz ehe die grossen Meister auf den Plan treten, welche mit ihren Schöpfungen zuerst die Siegeslaufbahn der griechischen Plastik beschreiten. Noch zeigt das Gesicht der Madonna jenes übermässige Zurückweichen der Wangen, sodass der ganze Ausdruck etwas Scharfes und die Züge etwas Aeltliches bekommen: es ist nicht die keusche Jungfrau, welche den Eingang zur Kirche bewacht, sondern es ist die Himmelskönigin, die Frau und Mutter, zu der mit freundlichem Lächeln der göttliche Knabe emporschaut. Ein reiner, heiliger Schimmer liegt über ihr ausgegossen, und der Eindruck, den ihre ganze Erscheinung macht, ist feierlich und hoheitsvoll. —

Eine wahre Flut reizvoller, wechselnder Erscheinungen erfüllt die Archivolten. Auch ihnen gegenüber müssen wir wieder der Kunst der Steinmetzen das höchste Lob zollen: die Gestalten sind mit verschwindend wenigen Ausnahmen[52] äusserst sorgsam und sichtlich mit grosser Liebe gearbeitet. Wo wir etwas auszusetzen haben, wie z. B. an den Figuren von Adam und Eva das mangelhafte, anatomische Verständnis für den unbekleideten Körper, und wo wir demzufolge einige Härten in der Ausführung finden, da entschädigen uns wieder dafür die sehr schön durchgebildeten Köpfe dieser beiden Gestalten.

Sie schliessen sich nach dieser Seite hin einer ganzen Anzahl andrer jugendlicher Gestalten an, welche wir zu den liebenswürdigsten Werken mittelalterlicher Bildnerei zu zählen haben. Die Reihe der Königsgestalten allein liefert uns schon genügende Beispiele derselben. In entsprechender Weise dazu treffen wir dann, besonders unter den Stammvätern in der äussersten Archivolte, edle Greise von würdigem, wahrhaft patriarchalischem Aussehen an; einige besonders prächtige Erscheinungen unter ihnen aber, welche noch in der Blüte der Mannesjahre stehen, zeigen eine so vollendete Durchbildung, dass wir, um eine ähnliche Kunst zu finden, bis zu den gefeierten, wundervollen Apostelstatuen der Sainte Chapelle in Paris gehen müssen. Daneben liefern weiterhin die Prophetengestalten den Beweis, dass es den Freiburger Steinmetzen auch nicht an der Fähigkeit, lebhaftere Accente wiederzugeben, gebrach. Die gut zum Ausdrucke gebrachte, dramatisch-gesteigerte Auffassung der Propheten passt vortrefflich zu dem Charakter gottbegeisterter Dichter und Seher.

Von interessanten Einzelbildungen seien die bereits erwähnten Figuren von Adam und Eva hervorgehoben, welche sich bei ihrer gänzlichen Nacktheit als die — freilich nur kleinen — Vorläufer der entsprechenden, berühmten Gestalten des Bamberger Domes erweisen; denn die letzteren sind nach ihrer neuen Datierung durch Weese ungefähr ein Decennium später als jene anzusetzen.[58]

Sehr ansprechend wirken die nach der naiven Auffassung der damaligen Zeit als Ritter in Wehr und Waffen dargestellten Figuren von Josua und Gideon. Ueberhaupt ist die Gewandung im grossen und ganzen der damaligen Zeittracht entlehnt, und die Künstler haben ihr, die ja schon an und für sich von grossem malerischen Reize ist, eine fast unerschöpfliche Fülle feiner Motive zu entlehnen gewusst. Es ist ein völlig freies, selbstständiges Schaffen in aller Jugendlichkeit und Frische, das uns hier entgegentritt. Auffallend ist nur die Art der Mantelbildung bei den Propheten und einigen Patriarchengestalten. Man gewinnt bisweilen den Eindruck, als habe der Steinmetz unverstandene Vorbilder aus der Antike kopieren wollen: wieder ein Beispiel für das „Nachleben" derselben im Mittelalter! Besonders charakteristisch ist in dieser Hinsicht der dritte Prophet von unten auf der nördlichen Seite der Archivolten. Der Mantel ist in einer gänzlich unverständlichen Weise so um den Oberkörper herumgeschlungen, dass er beide Arme bis zur Bewegungslosigkeit fest an den Leib drückt. Interessant ist auch bei derselben Figur die turbanartige Kopfbedeckung. Sonst zeigt diese sehr wechselnde Formen: bald ist es eine Spitzkappe, bald ein einfacher Kronreif, bald wieder wird nur ein Tuch über den Kopf gezogen. Das Haar ist fast durchgängig äusserst sorgfältig behandelt. In der Regel zeigt es ein wollartiges Aussehen und wird mit Vorliebe in kleine, krause Löckchen aufgelöst; häufig wird es nach der damaligen Mode zu beiden Seiten des Gesichtes in Voluten aufgerollt. Daneben findet sich auch sehr schönes, frei und weich herabfliessendes Haupt- und Barthaar; das letztere ist stets sehr sorgsam gekämmt und meist durch einen Scheitel zwiefach geteilt. Sehr beliebt ist die Anordnung einer einzelnen Locke mitten auf der Stirn; trägt die Gestalt eine Kopfbedeckung, so kommt sie unter dieser hervor.

Die Bewegungen sind ruhig und gemessen, sowie mit einigen Ausnahmen bei den Propheten wohl motiviert. Ebenso zeichnen sich die Stellungen durch grosse Einfachheit aus; soweit es die weite, faltenreiche Gewandung erkennen lässt, scheint der Gegensatz von Stand- und Spielbein konsequent durchgeführt zu sein. —

Man sollte erwarten, dass die grossen Statuen der Vorhalle oder zum mindesten die der Blendarkaden einen anderen Eindruck auf den Beschauer ausüben müssten als die bisher betrachteten Teile des Cyklus, unterscheiden sie sich doch in ihrem Charakter ganz wesentlich von diesen. Denn sie sind keineswegs wie die besprochenen Arbeiten bloss der schmückende Zusatz eines architektonischen Gerüstes, sondern sie sind frei und unabhängig erschaffene Werke der statuarischen Plastik und tragen als solche ihren Zweck schon in sich selbst; ihre Verbindung mit der Architektur dagegen ist nur oberflächlich. Trotzdem stimmen sie aber in ihrer künstlerischen Ausdrucksweise und in ihrer ganzen äusseren Erscheinung durchaus mit den anderen Werken der Vorhalle überein. Der Grund davon ist ein zweifacher. Einmal hat sich auch in dem ersten Teile des Cyklus die Plastik in seltener Weise ihre Unabhängigkeit von der Architektur gewahrt — wir werden dies an einem anderen Orte ausführlich zu beleuchten haben — und zweitens zeigt sich gerade hierin wieder, dass wie schon oft hervorgehoben worden ist, ein einheitlicher künstlerischer Zug das ganze Werk beherrscht, sodass es gleichsam wie die Aeusserung eines gemeinsamen grossen Willens erscheint. Dagegen ist nicht zu leugnen, dass die Ausführung der grossen Statuen recht verschiedene künstlerische Qualitäten aufweist. Aber lässt sich denn etwas andres erwarten? Dass uns solche Differenzen noch nicht weiter aufgefallen sind, liegt an dem kleinen Massstabe der bisher betrachteten Figuren, welcher eine eingehende Detailbehandlung nicht gestattete. Bei einem Uebersetzen der Formensprache ins Grosse, änderte sich das natürlich sofort und die verschiedenen Befähigungsgrade der Steinmetzen traten alsbald in aller Deutlichkeit zu Tage. Das Gesamtbild der Statuenreihe aber blieb dabei gleichwohl ein harmonisches, indem die verschiedenartige Begabung sich zwar je nachdem in mehr oder weniger vollkommener, stets jedoch in verwandter Weise äusserte.

Wir können darnach die Figuren in mehrere Gruppen scheiden; eine Sonderstellung beansprucht nur die Gestalt der Voluptas. Sie berührt sich, besonders im Kopftypus, eng mit der Eva und verrät wie diese auf Seiten ihres Verfertigers eine bedeutende Unkenntnis des nackten menschlichen Körpers. Die unglückliche Bildung der Brust, das gänzliche Fehlen einer Modellierung der Bauchpartieen und die ebenso beim Adam und der Eva auftretende, scharfe Betonung des Schienbeines beweisen dies zur Genüge.[64] Gut ist dagegen der ausgesprochen sinnliche Mund charakterisiert. Das reiche und schöne Haar fliesst in starken Flechten auf die Schultern herab.

Die beiden neben ihr stehenden Statuen, der „Fürst der Welt" und der Engel mit dem Spruchbande „Ne Intretis", gehören mit dem Engel der Verkündigung an Maria zusammen. Alle drei Gestalten zeichnen sich durch ein ziemlich starkes Lachen aus und zeigen im Verhältnis zu den anderen Figuren eine derbere, weniger feine Ausführung. Es erscheint daher nicht ausgeschlossen, dass wir in ihnen die allerletzten, wenn nicht vielleicht erst etwas spätere Arbeiten zu erblicken haben.

Die Männergestalten der Vorhalle sind im allgemeinen ruhige und charaktervolle Schöpfungen; nur Aaron und Johannes der Täufer weisen einen erregten Zug auf und nähern sich darin den Propheten aus den Archivolten. Eine gänzliche Ausnahme bildet die ausdruckslose Figur Christi. Sie ist eine nüchterne und trockene Arbeit und zählt mit der im Typus wie in der Gewandung geistlos nach der Statue der Ekklesia kopierten Synagoge zu den schlechtesten und künstlerisch unbefriedigendsten Werken des ganzen Cyklus.

Eine festgeschlossene Gruppe bilden die Gestalten der hl. hl. Katharina und Margaretha sowie die Medizin, Malerei, Musik und bis zu einem gewissen Grade auch die Geometrie. Es sind durchweg tüchtige Arbeiten ohne weitere Besonderheiten; eine individualisierende Charakteristik darf man natürlich nicht bei ihnen erwarten. Ihr Gesichtsausdruck ist sogar bis auf ein Lächeln hier und da ziemlich teilnahmslos.

Die noch nicht erwähnten Gestalten hingegen zeigen mehr oder minder die vollendete Ausbildung des Freiburger Stiles und gleichzeitig die entfaltete Blüte dieser Bildhauerschule. Die herrlichsten Schöpfungen unter ihnen sind die klugen und thörichten Jungfrauen, die Maria aus der Gruppe der Verkündigung und die Maria und Elisabeth der Heimsuchung. Daran reihen sich dann die Ekklesia, Sarah und die drei noch fehlenden Wissenschaften: die Grammatik, Dialektik und Rhetorik.

Eine Unterabteilung für sich stellen die beiden Statuen Marias und die Gestalt der Elisabeth dar. Während die Gruppe der Heimsuchung eine etwas scharfe und trockene Ausführung zeigt, begrüssen wir in der Maria, welche die himmlische Botschaft empfängt, mit Freude das holdselige Werk eines fein und echt deutsch empfindenden Künstlers. Das ist wenigstens der Eindruck, den wir von dieser liebenswürdigen Schöpfung hinwegnehmen, welche ein zarter, leichter Realismus wie mit einem Hauche frisch erwachenden Lebens erfüllt hat.

Ein Gleiches gilt von der prächtigen hoheitsvollen Gestalt der Kirche und den Statuen der klugen Jungfrauen. Den Preis unter diesen müssen wir der dritten vom Portale aus zuerkennen, der wir in ihrer entzückend koketten Bewegung der in die weite Aermelöffnung gelegten linken Hand und der schalkhaften, leisen

Seitenwendung des Kopfes überhaupt kein plastisches Werk der ganzen Gotik von ähnlichem Reize der Wirkung und Erscheinung an die Seite zu setzen wüssten.

Ebenso unerreicht für ihre Zeit stehen die thörichten Jungfrauen da, in denen uns ein mächtiges dramatisches Können und eine aussergewöhnlich starke Charakterisierungskraft entgegentreten. Die unbezwingliche Schlafsucht, die stille, gramvolle Verzweiflung, dann die laute schmerzerfüllte Klage der Reuigen haben eine vollendete Ausprägung erhalten; ihr Anblick prägt sich tief mit nachhaltiger Wirkung dem Blicke des Beschauers ein.

Die Wissenschaften und Sarah sind ausdrucksvolle, gehaltreiche Schöpfungen, welche von hohem künstlerischem Ernste zeugen, besonders die Grammatik ist eine schöne, sinnige Erscheinung. Die Nebengruppe der beiden Schüler, deren einer angstvoll seiner Bestrafung entgensieht, während der andere mit streberhaftem und auch nur durch die Furcht diktiertem Fleisse seiner Lektüre obliegt, ist mit Geschick der Wirklichkeit entlehnt und mit Humor — eine seltene Erscheinung im Cyklus — zu lebendiger Darstellung gebracht.

Die Gewand- und Trachtbehandlung sowie die Stellungs- und Bewegungsmotive der einzelnen Statuen wiederholen sich in sehr gleichmässiger Weise, sodass wir uns in dieser Hinsicht auf einige allgemeine Bemerkungen beschränken können.

Auch hier herrscht wieder das Kostüm der ausgehenden Hohenstaufenzeit mit seiner weiten, faltigen, durch einen Gürtel zusammengeschnürten Tunika und dem durch ein Kettchen oder eine Spange, den Fürspann oder die Tasseln, auf der Brust zusammengehaltenen Mantel; oder bei den Frauen den verschiedenen Formen der ärmellosen, ungegürteten Suckenie, des aus Wollstoff gefertigten Obergewandes, welches mit Pelzwerk oder farbigem Futter ausgeschlagen war; dem Schapel, einem einfachen, verschiedenartig verzierten Ringe, sowie dem weiblichen Kopftuche, Rise genannt, und dem Gebende, welches in Barettform wie ein breites Sturmband das Gesicht umschliesst (vergleiche die Gestalt der Grammatik). Die Frauen und ebenso die Männer zeigen den nach dem Fuss gearbeiteten, spitz zulaufenden Knöchelschuh. Nur die beiden grossen Engel, Johannes der Täufer und Christus sind barfuss dargestelllt; letzterer trägt einen schlichten, weiten, hemdartigen Rock, Johannes d. T. ein Untergewand aus Fell und ein Manteltuch mit Zottelbesatz.

Die stilistische Behandlung dieser Tracht in Freiburg lehrte bereits das Gewand der Madonna des Thürpfeilers kennen; ihre Grundzüge sind dieselben geblieben, nur hat sich die dort noch vorhandene Eckigkeit und Spröde hier in einem schönen, weichen Fluss der Linien verloren. So kommt auch jetzt erst der ganze malerische Reiz, welcher der Tracht vom Ende des XIII. Jahrhunderts innewohnt, im reichsten Spiele wechselnder Motive zur vollen Geltung — natürlich nicht an allen Statuen in gleich vollkommener Weise. Vielmehr lassen sich verschiedene Stufen der Qualität in der Ausführung unterscheiden, und zwar genau entsprechend der Klassifizierung, die wir oben von dem künstlerischen Gehalte der einzelnen Figuren gegeben haben. Die höchste Schönheit zeigen auch hier die Gewänder der klugen und thörichten Jungfrauen und der ihnen verwandten Statuen.

In freiem, mächtigen Schwunge fallen die schweren Stoffe in grosszügigen Falten herab und verstärken den eleganten Eindruck, den die zierliche Silhouette der schon leise nach gotischer Art ausgeschwungenen Gestalten hervorruft. Noch ist aber diese Biegung des Körpers nicht zum stilbestimmenden Prinzipe geworden, es ist nur der Ausdruck eines leisen Strebens nach malerischer Wirkung und eine Folge mit des schüchtern auftretenden Realismus, dessen Spuren wir schon mehrfach im Cyklus begegnet sind. Auch dass sich hier und da bereits ein Lächeln, der erste Vorbote der späteren gotischen „Unart", auf das Gesicht geschlichen hat, ist auf ihn zurückzuführen. Erst die vollendetsten Gestalten des Cyklus zeigen diesen Keim frischen Gestaltungslebens, der allerdings bald zur Manier ausarten sollte.

Sonst finden wir auch bei den grossen Statuen dieselben ruhigen und gemessenen Bewegungen wieder, welche den bisher betrachteten Figuren zu eigen waren; sogar die in dramatischem Empfinden stark gesteigerten thörichten Jungfrauen machen keine Ausnahme davon. Es ist das wohl hauptsächlich einer gewissen Schüchternheit der Meisselführung zuzuschreiben, die sich noch nicht getraut, weit und frei hervorragende Partien aus dem gegebenen Blocke herauszuarbeiten. Denn an manchen Stellen, wo es die etwas freiere Bildung vortretender Gliedmassen anscheinend wünschenswert machte, wie z. B. hin und wieder bei den Händen, haben die Steinmetzen stützende Stege stehen gelassen.

Die Behandlung des Haares knüpft ebenso wie die des Gewandes an die Madonna mit dem Christkinde und die kleinen Statuen in den Archivolten an. Nur noch selten findet sich das Haar als wollartige, krauslockige Masse behandelt, so z. B. bei den beiden Engelgestalten, die wir aber ohnehin schon als verhältnismässig schlechtere Arbeiten kennen gelernt haben. Sonst fliesst es bei den Frauen, falls nicht ein Tuch den Kopf umgiebt, in üppiger Fülle und in weichen, langen Wellen auf die Schultern herab. Die Haar- und Barttracht der Männer ist die gleiche wie bei den Patriarchen, Königen und Propheten des Portales und bietet somit keine Gelegenheit zu neuen Bemerkungen. —

Man hat von den Freiburger Skulpturen behauptet, dass sie „an Schönheitsgefühl, Schwung und zarter Grazie alle anderen Bildwerke der deutschen Gotik überträfen"; [53] man hat sie aber auch als nicht nur sehr schlechte, sondern sogar hässliche Werke bezeichnet.[54] Wir hoffen, dass unsre Betrachtung derselben gezeigt hat, was wir wirklich von ihnen zu halten haben. Ihre kunstgeschichtliche Stellung wird uns erst in einem späteren Kapitel zu beschäftigen haben, aber soviel können wir bald feststellen, dass das zweite der mitgeteilten Urteile ein durchaus ungerechtes, das erstere ein zu günstiges ist; denn nur für einzelne Teile des Cyklus können wir dasselbe mit vollem Rechte in Anspruch nehmen. Als Gesamtwerk betrachtet, mit ihrem sämtlichen architektonischen wie plastischen Schmuck, zählt die Freiburger Vorhalle allerdings zu dem Vollendetsten, was die Frühgotik in Deutschland geschaffen hat.

III. KAPITEL.

Entstehungszeit der Skulpturen.

Die Frage nach der Entstehungszeit des plastischen Schmuckes der Vorhalle kann nur im Zusammenhang mit der Frage nach der Aufführungszeit der unteren Turmhälfte gelöst werden. Denn einerseits sind, wie wir gesehen haben, die Blendarkaden und

sonstigen architektonischen Glieder der Komposition, weil aus dem
laufenden Stein gearbeitet, gleichzeitig mit dem Ausbau der ganzen
Vorhalle entstanden, und andrerseits hängen wieder die Reliefs
des Tympanon und die kleinen und grossen Statuen, wie uns ihr
Stil bewies, auf das engste zeitlich mit jenen Teilen des Cyklus
zusammen.

Treten wir nun aber der Frage näher, wann die untere Turmhälfte erbaut worden ist, so erhalten wir zwar verschiedene Antworten, aber keine unbedingt gültige und zufriedenstellende Auskunft; denn es ist noch immer nicht geglückt, ein sicheres Datum für den Beginn der Turmaufführung zu gewinnen. Die Schuld liegt an dem Umstande, dass die bisher hierfür herangezogenen Hülfsmittel sich als unzulänglich erwiesen haben, und dem Werke selbst anscheinend keine Antwort zu entlocken war. Ehe wir jedoch an die Aufstellung einer neuen Hypothese gehen, mögen in aller Kürze die Resultate der vorausgegangenen Forschungen mitgeteilt werden, natürlich nur insoweit als sie die Entstehungszeit der unteren Turmhälfte betreffen. Wann der ganze Turmbau mit der Steinpyramide seinen Abschluss gefunden hat, ist für unsern Zweck ohne jeden Belang.

Der älteste Geschichtsschreiber des Münsters, Schreiber,[57] setzt die Vollendung des frühgotischen Teiles d. h. des Langhauses und des Westturmes in die Jahre 1236—72 und beruft sich für seine Datierung auf die Umschrift der ältesten und zugleich grössten Glocke, welche das Münster besitzt; denn ihr zufolge wurde diese im Jahre 1258 gegossen und nach seiner Ansicht auch gleich im Westturm aufgehängt.

Die nächste, ausführlichere Schrift über das Münster von Domkapitular Marmon begnügt sich, die Ausführung der frühgotischen Teile des Baues in die Zeit der Grafen von Freiburg, also vom zweiten Drittel des 13. Jahrhunderts ab, zu verlegen, was schon Schreiber, nur mit genauerer Datenangabe, gethan hatte[58]

Eine eingehendere Untersuchung widmete dann Adler der Münsterfrage.[59] Er widerlegt zunächst den Hauptstützpunkt der Schreiber'schen Hypothese damit, dass er — freilich ohne seinerseits einen Beweis dafür zu erbringen — behauptet, die älteste Glocke sei in den Vierungsturm des romanischen Baues und nicht sofort nach dem Gusse in den Westturm gekommen. Eine ähnliche

Vermutung hatte auch schon Marmon ausgesprochen. Dagegen benützte er zuerst als ausgiebiges Hülfsmittel für seine Datierung des Turmbaues während der Jahre 1268—88,'96 die am westlichen Turmpfeiler in einer Höhe von etwa zweieinhalb Metern über dem Boden eingehauene Jahreszahl 1270. Denn war die Zahl im gleichen Jahre an dieser Stelle eingemeisselt worden — und wer sollte daran zweifeln? — so musste notwendigerweise der Bau damals bereits jene Höhe erreicht haben.

In eine ganz neue Beleuchtung wurde die Frage durch Schäfer[40] gerückt, der gerade auch auf jene Zahl gestützt, glaubhaft zu machen suchte, dass bis zu diesem Zeitpunkte der Turm mindestens bis zur Achteckgalerie völlig gerüstfrei d. h. ausgebaut gewesen sein müsse. Er setzte demzufolge die untere Turmpartie in die Jahre von etwa 1250—1270.

So stand die Forschung, als Geiges den Beweis erbrachte, dass „die Jahreszahl 1270 am Turmpfeiler eine für die Baugeschichte des Münsters vollständig wertlose Urkunde" ist, „weil dieselbe nicht gleichzeitig, sondern thatsächlich erst fast ein halbes Jahrhundert später an dieser Stelle angebracht wurde". Damit fallen aber alle auf diese Inschrift gebauten Hypothesen in sich zusammen, und es bleibt als Datierungsmittel nur noch die Umschrift der alten Glocke von 1258 übrig; dass jedoch auch diese „nichts für die Zeitstellung einzelner Teile des Baues" beweist, haben gleichfalls die Untersuchungen von Geiges ergeben.[41]

Auch das dritte und letzte Hülfsmittel, welches man zur Bestimmung der Entstehungszeit des Turmes heranziehen kann, eine Urkunde vom Jahre 1301, versagt, wenn wir ihr Genaueres über den Beginn der Arbeit am Turme entnehmen wollen. Sie handelt von der Stiftung zweier ewigen Lichter, von denen das eine „undenan in den nüwen Turne, da die Gloggen inne hangent" kommen soll.[42] Die einzige Folgerung, welche man aus ihr ziehen kann, ist die, dass 1301 der Turm mindestens bis zum Glockenstuhl aufgeführt war; daraus zu schliessen aber, dass zu dieser Zeit der ganze Turm vollendet gewesen sei, ist ohne weitere Anhaltspunkte, wenn auch die Wahrscheinlichkeit dafür spricht, auf keinen Fall gestattet; anders freilich steht die Sache, wenn sich solche finden lassen. Vorläufig aber entbehren auf diese Weise die Hypothesen Adler's und Geiges',[43] dass der Turmbau um 1300 zu Ende geführt gewesen sei, jeder sachlichen Begründung, und die Frage nach dem Beginn wie dem Abschluss der Arbeiten an diesem Bauteile schwebt nach wie vor im Dunkel! Weitere Urkunden haben sich bisher nicht auffinden und heranziehen lassen, und wir stehen ratlos dieser Frage gegenüber, falls es uns nicht gelingt, die Steine selbst zum Reden zu bringen. Denn hier wäre noch die einzige Möglichkeit gegeben, etwas Authentisches über die Bauzeit des Werkes zu erfahren, und hier hat demnach auch unsere Untersuchung eingesetzt. Was sie zu Tage gefördert hat, ist Folgendes.

Die architektonischen Details der Vorhalle weisen mit Entschiedenheit auf eine spätere Zeit als die der Frühgotik und zwar auf die zweite Hälfte des 13. Jahrhunderts hin. Man achte nur einmal auf die teilweise sehr entwickelten Kreuzblumen der Wimperge sowie die bereits dem Achteck entnommene Gliederung der Sockel, welche selbst in Frankreich, dem Herde der Gotik, erst seit 1235—1245 auftritt. So hat sich denn auch schon Adler mit allem Ernste dagegen ausgesprochen, diese Formen einem Meister der Frühgotik zuzuweisen. Viel wichtiger aber und von unschätzbarem Werte für die Datierung unserer Skulpturen ist ein Umstand, der bisher noch nie beachtet worden ist: es ist dies der unleugbare, enge, stilistische Zusammenhang, in dem die Statuen der Westfassade des Strassburger Münsters mit den Freiburger Werken stehen. Diese Beziehung, die wir in einem späteren Kapitel des näheren zu beleuchten haben werden, ist dabei eine so innige, dass wir fast zu der Annahme gezwungen werden, dieselben Steinmetzen möchten die einen wie die anderen gearbeitet haben. Geringe Abweichungen und Unterschiede im Sil wie der Ausführung nötigen uns dann fernerhin, einen kleinen Zeitraum von wenigen Jahren zwischen dem Absch'uss der Freiburger und der Entstehung der Strassburger Skulpturen anzunehmen. Da nun durch den Beginn der Arbeiten an der Westfassade zu Strassburg im Jahre 1276 auch die Inangriffnahme der Statuen daselbst um etwa 1280 festgelegt ist, erhalten wir als terminus ante für die Freiburger Skulpturen ungefähr die Jahre 1270—1275. Nehmen wir nun für letztere eine zehn- bis fünfzehnjährige Arbeitszeit an, so ergiebt sich als Anfangsdatum etwa das Jahr 1260 und rückschliessend haben wir den Beginn des Turmbaues in die Zeit von 1255—1260 zu verlegen

Die Vollendung der unteren Turmhälfte bis zur Achteckgalerie, über der sich auf hohem Unterbau die gewaltige Pyramide der Spitze erhebt, dürfte dann etwa in die Zeit von 1275—1280 fallen; denn auch hierfür bietet uns die Stilvergleichung eines noch unbesprochenen Freiburger Werkes mit den Strassburger Skulpturen einen wertvollen Anhaltspunkt. Im Innern des Langhauses steht nämlich auf der dem Eingang entgegengesetzten Seite des Thürpfeilers gleichfalls eine Madonna mit dem Christuskinde auf dem Arme. Ihr Stil ist ganz der gleiche wie der der klugen und thörichten Jungfrauen, nur ein wenig weiter entwickelt. Das stärkere Lächeln wie überhaupt das etwas lebendigere Mienenspiel des Antlitzes und die ausgeschwungene Stellung zeigen dies zur Genüge. Dieses Werk ist das verbindende Mittelglied zwischen den Freiburger Skulpturen einer- und den Strassburger Statuen andrerseits: dass ein solches vorhanden ist, verleiht unsrer oben ausgesprochenen Behauptung erst ihre volle Berechtigung. Was auf den Stil dieser Madonna zutrifft, dass sie genau die Mitte zwischen der Freiburger und Strassburger Plastik hält, wird aber auch für ihre Entstehungszeit Geltung haben müssen, und wir werden sie demnach zwischen den hiesigen und dortigen Werken, also zwischen 1275 und 1280 anzusetzen haben.

Da wir nun weiterhin kaum anders können als annehmen, dass diese Statue erst nach völliger Fertigstellung des Langhauses ausgeführt worden sei, so muss die Einwölbung des letzteren in die Mitte der siebziger Jahre fallen. Wie wir aber wissen, erfolgte diese letztere erst, als der Turmbau bereits über die Scheitelhöhe des Langhauses hinausgewachsen war,[64] d. h. sich der Achteckgalerie näherte, sodass wir als Abschluss der Arbeiten an der ersten Turmhälfte die Zeit von 1275—1280 erhalten. Damit hat, wie wir hoffen, die schwierige Datierungsfrage des Turmes, wenigstens, was die untere Partie desselben anlangt, ihre endgültige Lösung gefunden.

Zu dieser Zeitbestimmung passt auch vortrefflich, was wir über das damalige Freiburg erfahren.[65] Denn ein kurzer Seitenblick auf die gleichzeitige Geschichte der Stadt und ihrer Grafen zeigt uns eine solche Anzahl von Zügen frommen, kirchlichen Sinnes und derartige Beweise starker, politischer Macht, dass uns die Entstehung eines so grossartigen Werkes, wie der Turmbau mit seiner reichgeschmückten Vorhalle ist, wohl begreiflich erscheint.

Seit 1238 war Konrad Graf zu Freiburg; gleich wie seinem Vater war auch ihm ein tiefer, frommer Sinn zu eigen, der sich in der grössten Mildthätigkeit kirchlichen Stiftungen gegenüber deutlich offenbarte. So übergiebt er 1246 seine Patronatskapelle St. Martin den Franziskanern, welche seit 1239 in Freiburg ansässig waren, und fügt als Beigabe zum Chorbau ihrer 1273 geweihten Kirche 1262 Haus und Hofstätte hinzu. 1255 begründet er das Cisterzienser-Frauenkloster Rheinthal zwischen Mühlheim und Basel und genehmigt zahlreiche Schenkungen, welche Klöstern seines Gebietes gemacht werden, ebenso wie er 1258/59 alle von seinen Vorfahren dem Kloster Thennenbach gewährten und alle noch in Zukunft etwa stattfindenden Vergabungen an dasselbe als zu Recht bestehend anerkennt. Begünstigt von ihm lassen sich die Deutschherrn vom Augustin und die Wilhelmiten in Freiburg nieder; 1263 erhalten die letzteren in der Vorstadt ein Kloster, während die ersteren anderweitig bedacht werden. 1268 bestätigt er Schenkungen an den Johanniterorden im voraus und baut ihm anscheinend das neben dem Herren- errichtete Frauenhaus.

Dieser kirchlich fromme Liebeseifer beseelt auch die ganze Bürgerschaft. Reiche Geschenke aus ihrer Mitte fliessen dem Orden der Klarissinnen zu, welcher 1272 in das leerwerdende Karmeliterkloster einzieht. Zahlreiche Frauen der vornehmen Geschlechter und angesehener Familien treten ihm bei; unter ihnen eine Tochter des Nachfolgers von Konrad, Egenos III. Ueberhaupt gehörten mehrere Mitglieder des fürstlichen Hauses dem geistlichen Stande an. Ein Bruder Konrads, Gebhard, begegnet uns in einer Urkunde von 1252[44] als capellanus domni pape (Innocenz IV.), und der gleichnamige jüngste Sohn Konrads erscheint 1255 als Leutpriester am Freiburger Münster, wird dann 1272 Domherr und schliesslich (1293) Probst in Konstanz.

Die grossartige Bewegung der Bettelorden ging auch an Freiburg nicht spurlos vorüber. Am beliebtesten waren die Dominikaner; 1264 tauchen bereits weibliche Mitglieder derselben von St. Agnes in der Stadt auf. Von der hervorragenden Bedeutung dieses Ordens auf geistigem Gebiete wird noch zu sprechen sein In zweiter Reihe erst stehen trotz ihrer grösseren Anzahl die

Franziskaner in Freiburg, welche sich auf eine stattliche Anzahl von Regelhäusern am Orte verteilten und hier sowie in der Umgebung zahlreiche Kapellen mit Klausen besassen. Als Tertiarier ihres Ordens sind vielleicht die urkundlich im 13. Jahrhundert erwähnten fratres de poenitentia anzusehen. Mit dem Nachfolger Konrads († 1271,) Egeno III. scheint der kirchliche Sinn und Eifer abgenommen zu haben, und ein mehr kriegerischer Charakter und eine wilde, trotzige Erscheinung das Grafenamt geerbt zu haben. Ja schon der sonst doch so fromm gesinnte Förderer geistlicher Werke, Graf Konrad, hatte sich zuletzt in eine kriegerische Unternehmung gegen die Ungarn gestürzt und dabei auf dem Schlachtfelde den Tod gefunden. Von dieser Zeit an scheint die Sorge für kirchliche Einrichtungen mehr auf die Stadt übergegangen und von ihr gepflegt worden zu sein.

Freiburg hatte in den letzten Jahrzehnten seit 1250 einen glänzenden Aufschwung genommen. Das mannhafte Umstürzen des patrizischen Regiments im Jahre 1248, welches dem älteren, aus den Geschlechtern gewählten Rate vierundzwanzig Abgeordnete der Bürgerschaft zugesellte, war nur der erste Anlass und der Ausgangspunkt dazu gewesen! 1255 war die Stadt dem grossen Städtebunde beigetreten, der zur Aufrechterhaltung des Friedens und zur Wahrung der Handelsinteressen zwischen einer ganzen Anzahl rheinischer Städte geschlossen worden war und der sich allmählich zum Oberdeutschen Städtebunde erweiterte.[47] Gleichzeitig mehren sich seit dem Anfange des 13. Jahrhunderts die für das zwölfte noch in spärlicher Anzahl überlieferten Geschlechternamen, und besonders seit 1250 ist uns eine stattliche Reihe von Patriziernamen aufgezeichnet. Auch an räumlicher Ausdehnung nahm die Stadt gewaltig zu, was uns nicht wunder nehmen kann, giebt doch eine zuverlässige Quelle bereits für das Jahr 1247 die Einwohnerzahl von Freiburg auf 40 000 Seelen an.[48] In diese Zeit fällt die Bildung von mehreren Vorstädten, von denen die eine, Neuenburg, schon 1252 in die Stadtmauern einbezogen wurde.

Die politische Stellung der Stadt blieb davon natürlich nicht unbeeinflusst. Es ist interessant zu beobachten, wie das gesteigerte Machtbewusstsein der Bürgerschaft in zahlreichen Streitigkeiten, welche die Stadt in den achtziger Jahren mit ihren Nachbarn begann, sofort seinen lebhaften Ausdruck fand. In ihrem Uebermut liessen sich die Bürger sogar von ihrem Grafen bereden, die Waffen gegen Kaiser Rudolf zu tragen. Als sie nach dreimonatlicher Belagerung ihrer Stadt im Jahre 1281 Frieden mit ihm schlossen, war es daher nur eine gerechte Strafe, dass sie ihr Vergehen mit schweren Geldopfern zu büssen hatten; 1282 jedoch sind sie bereits wieder mit ihm versöhnt, denn er vermittelt zwischen der Stadt und dem von Geldnöten schwer bedrängten Grafen, und 1283 gewährt Rudolf sogar Freiburg alle Gnaden, Freiheiten und Rechte einer Reichsstadt. Doch damit sind wir bereits über die Zeiten hinausgeschritten, innerhalb deren die Bürgerschaft von Freiburg im Verein mit ihren Grafen durch die mächtige Förderung des Münsterbaues ein Werk geschaffen hat, welches ihr zu hoher Ehre gereicht und den aufrichtigen Dank der Nachwelt verdient.

IV. KAPITEL.

Das Rätsel der Komposition.

> Ach kunst ist tôt! nu klage armónie,
> planêten tirmen klage niht verzie,
> pólus, jâmers drîe.
> genâde im, süeze trinitât,
> maget reine, enpfât
> ich mein Kuonrât
> den helt von Wirzeburc.
>
> Aus dem Lobspruche Heinrichs von Meissen
> (Frauenlob) auf den Tod Konrads von Würzburg.

Die Ansichten der Forscher über den gedanklichen Inhalt des Freiburger Cyklus sind weit auseinander gegangen. Während die einen in ihm eine der geistvollsten und durchdachtesten cyklichen Schöpfungen des Mittelalters zu erkennen glaubten, konnten die andern in ihm nur ein Chaos zusammenhangloser Figuren erblicken. Zu Gunsten der Vertreter dieser letzteren Annahme, an deren Spitze Kugler[69] und Förster[70] stehen, spricht besonders schwerwiegend der Umstand, dass es den Anhängern der anderen

Ansicht, welche sich Schnaase [11] anschliessen, bis jetzt noch nicht gelungen ist, eine in allen Teilen zufriedenstellende Deutung des Cyklus und damit einen wirklich überzeugenden Beweis für die Richtigkeit ihrer Annahme zu erbringen. Doch kann uns dies nicht irre machen; vielmehr geht auch unsere feste Ueberzeugung dahin, dass wir es hier nicht nur mit einer hervorragenden Leistung mittelalterlicher Gelehrsamkeit sondern auch einem charakteristischen Beispiele mittelalterlichen Denkens und geistigen Schauens zu thun haben.

Nur zweimal ist bisher der Versuch gemacht worden, eine Erklärung des Cyklus zu geben, und doch sollte man sich keine reizvollere Aufgabe denken können, als den Gedankenpfaden nachzuspüren, welche die Meister, die die Komposition mit Hammer und Meissel niederschrieben, wandeln mussten. Aber diese Pfade sind eben nicht leicht zu finden, und so mag die Schwierigkeit der hier gestellten Aufgabe vor einer häufigeren Beschäftigung mit ihr abgeschreckt haben. Man zog es lieber vor, eine Möglichkeit ihrer Lösung einfach zu leugnen. Dieser bequemen Ansicht setzten wir jedoch die Ueberzeugung entgegen, dass es einem langen und immer wieder erneuten, liebevollen Studium am Ende doch vielleicht gelingen könne, dem Freiburger Cyklus das Rätsel seiner Komposition zu entlocken: wir hoffen, diese Ueberzeugung hat nicht getrogen.

Das Ergebnis der bisher vorliegenden Erklärungsversuche von Schnaase und Professor C. P. Bock ist freilich in beiden Fällen als negativ zu bezeichnen, aber auch ihr Misserfolg leicht zu erklären: beidemale geht nämlich die Untersuchung des Cyklus von der Basis einer falschen Grundanschauung aus. Schnaases Auslegung scheitert an dem Verkennen des wahren Charakters der sieben Wissenschaften, [12] Bocks Deutung kann schon von vornherein zu keiner befriedigenden Lösung führen, weil sie die „ethische Belehrung" als den „vorwiegenden Zweck des Cyklus" ansieht und darüber seinen thatsächlichen Inhalt gar nicht erst in Betrachtung zieht. [13] Nur eine Möglichkeit ist gegeben, die Komposition nach ihrer ganzen geistigen Bedeutung voll zu erfassen: wir müssen sie aus der Zeit heraus zu erklären versuchen, in der sie entstanden ist. Die Frage nach der volkstümlichen Bedeutung des Cyklus erledigt sich dann bei dieser geschichtlichen Auffassung

von selbst. Unsere Aufgabe ist also klar. Erst wenn es uns gelungen ist, den Cyklus in allen seinen Teilen harmonisch und restlos dem kulturgeschichtlichen Gemälde der Zeit um 1250 c. einzufügen, werden wir uns der frohen Gewissheit hingeben können, für ein richtiges Verständnis dieser prächtigen mittelalterlichen Kunstleistung die Wege geebnet zu haben.[14] —

Wer hat das Programm für den Skulpturencyklus der Freiburger Vorhalle aufgesetzt? Dass diese Frage von allergrösster, ja grundlegender Bedeutung für die Beschaffenheit der Gedanken und Anschauungen, die wir hier niedergelegt erwarten können, ist, liegt auf der Hand; wir stellen sie daher an den Anfang unserer Betrachtung. Da haben wir zuerst der lokalen Tradition zu gedenken, welche Albertus Magnus als den Verfasser der Komposition bezeichnet, also den grössten deutschen Gelehrten des Mittelalters anstandslos mit ihr in Verbindung bringt: ein sichtbarer Niederschlag der hohen Schätzung, welche man seit jeher unserem Cyklus entgegengebracht hat. Das ist aber auch alles Positive, was uns jene Nachricht sagt; ihr direkter Inhalt ist nur lokalpatriotische Legende, der wir gleichwohl einige Aufmerksamkeit schenken müssen, da sie keineswegs der Berechtigung entbehrt, und zwar des öfteren bereits angezweifelt, doch noch nie mit Erfolg als thatsächlich unwahr erwiesen ist.

Wenn wir das arbeitsreiche Leben des nimmer ruhenden, grossen Kirchengelehrten durchforschen,[15] sehen wir ihn mehrfach zu Freiburg in Beziehungen treten. Zunächst finden wir ihn hier als Lektor im Dominikanerorden. Die Zeit dieser Lehrthätigkeit jedoch ist nicht genau bestimmbar; sein Aufenthalt in der Stadt fällt zwischen die Jahre 1235 und 1243. Dann kommt er 1263, um die Pfarrkirche im Dorfe Adelhausen, dicht bei Freiburg, zu weihen,[16] offenbar als er zum Kreuzzuge für das bedrängte Akkon predigend durch die süddeutschen Lande zog.[17] Im Jahre 1268 schliesslich vollzieht er die Einweihung der Kirche des Freiburger Leprosenhauses.[18] Das sind die sicheren Daten, welche uns zu Gebote stehen,[19] und welche sich, so lange die Entstehungszeit des Turmes mit seiner Halle noch eine offene Frage war, wohl mit der von der Tradition aufgestellten Behauptung vereinigen liessen. Gleichsam wie ein urkundliches Zeugnis dafür erschien die auf den Namen Albertus Magnus getaufte, überlebensgrosse Gestalt eines Dominikaners am oberen Turmgeschoss.[80] Dass diese eine mittelmässige und auf Fernwirkung berechnete Steinmetzarbeit und keine Porträtstatue ist, wie die summarischen, jeder individuelleren Ausprägung entbehrenden Züge des Antlitzes beweisen, wurde im Entdeckungseifer nicht beachtet.[81] Aber seien wir gerecht; bei einer Umschau über das, was man sich noch hier und da vom Leben und der Thätigkeit des grossen Albertus zu erzählen wusste, konnte in einer Zeit, die es in Sachen geschichtlicher Forschung mit der Kritik nicht so genau nahm, wie wir dies jetzt gewöhnt sind, nur dazu beitragen, die nun einmal gefasste und vom Lokalpatriotismus hochgehaltene Meinung zu bestärken. Denn überall, wo Albertus längere Zeit geweilt, war man geneigt, die zu dieser Frist an jenen Orten entstandenen Kirchenbauten zum Teil auf seine Rechnung zu setzen; ernsthafte Forscher z. B. nannten ihn überzeugungsvoll als den vermutlichen Planerfinder der Predigerkirche zu Basel. In der Frage einer etwaigen Beteiligung seinerseits an den hierher gehörigen Bauten zu Würzburg, Regensburg und vor allem Köln, wo er, wie urkundlich feststeht, im Jahre 1271 den Chor der Dominikanerkirche zu bauen begann, hat die Forschung auch heutigen Tages noch nicht das letzte Wort gesprochen.[82] Dazu kommt dann, dass gerade im letzteren Falle die Legenden bildende Thätigkeit der Volksphantasie bald zu berichten wusste, wie ihm in einem Traume die Jungfrau Maria mit vier Steinmetzen erschienen sei, und die letzteren nach Anweisung jener den Plan zum Kölner Dome — dessen Architekten wir aber genau kennen — aufgezeichnet hätten.[83] Dem allen gegenüber verstehen wir jetzt recht gut, dass sich eine lokale Ueberlieferung herausbilden konnte, welche in Albertus Magnus den geistigen Schöpfer des Statuenschmuckes der Freiburger Münstervorhalle erblickte.

Der erste und auch einzige, welcher bisher ernsthaft gegen sie Front gemacht hat, ist Bock; aber seine Ausführungen erweisen sich als unzutreffend. Entscheidend für ihn ist der Umstand, dass auf dem Tympanon in Anlehnung an die Sage von der Kreuzerrichtung auf dem Grabe Adams ein Totenschädel angebracht ist; denn Albertus Magnus trete in seinen Erklärungen der Evangelien dieser Ansicht mit aller Entschiedenheit entgegen.[84] Ist das wirklich ein stichhaltiger Grund für die von Bock daran geknüpfte Folgerung, dass weder Albertus noch irgend ein anderer Dominikaner (!) der Verfasser der Komposition sein könne?! Ich glaube, die Antwort auf diese Frage giebt sich von selbst. Der Totenkopf findet sich seit dem 13. Jahrhundert auf so zahlreichen Darstellungen der Kreuzigung, dass man seine Anwesenheit in unserem Falle unmöglich schlankweg als ein wissenschaftliches Kriterium benützen kann, ganz abgesehen von der Unwahrscheinlichkeit, welche darin liegen würde, anzunehmen, dass der Verfertiger des Programms den ausführenden Steinmetzen derartige ins Detail gehende Angaben gegeben haben sollte. Auf wie schwachen Füssen überhaupt die Behauptung Bocks steht, beweisen am besten einige Worte des Albertus selbst, die wir in seinem Kommentar zum Lukas finden, wo es gelegentlich des Anbringens von einem Totenkopfe am Fusse des Kreuzes heisst: aber darüber sagt Horatius, Maler und Dichter hätten immer die gleiche Erlaubnis alles zu wagen.[65] Das ist doch der ausgesprochene Freipass für die Künstler! Nein, was nach unserm Dafürhalten jedes weitere Festhalten an der Autorschaft des Albertus ausschliesst, ist die Unmöglichkeit, die Skulpturen jetzt, wo uns ihre sichere Datierung geglückt ist, chronologisch mit ihm in Verbindung zu bringen.

Denn sein erster Aufenthalt in Freiburg fällt lange vor Beginn des Turmbaues, bei seinen Besuchen der Stadt in den 60er Jahren dagegen, waren die Arbeiten am Cyklus bereits in vollem Gange, und das Programm stand gewiss zum mindesten schon in seinen Grundzügen fest. Aber selbst wenn dies nicht der Fall war, wie hätte der Bischof zur Aufstellung eines solchen die nötige Zeit und Musse finden können! Das erste Mal im Jahre 1263 war er mit der Predigt für den Kreuzzug beschäftigt, das andere Mal im Jahre 1268 befand er sich auf einer Reise den ganzen Oberrhein entlang und hatte mit einer grossen Anzahl von Kirchenweihungen alle Hände voll zu thun. Die Zeit seines Aufenthaltes kann also in beiden Fällen nur von sehr kurzer Dauer gewesen sein, und es ist geradezu undenkbar, anzunehmen, dass in dieser beschränkten Frist eine Komposition entstanden sein sollte, welche sich deutlich als ein Produkt langer und reicher Geistesarbeit erweist und vor allem ein stetes, inniges Zusammenwirken des Verfertigers des Programms mit dem künstlerischen

Leiter des Werkes zur notwendigen Voraussetzung hat. Oder wie hätte sonst der Freiburger Cyklus zustande kommen können, dessen hervorstechendes Merkmal es ist, dass seinen einzelnen Gliedern nur durch die von der architektonischen Umrahmung ihnen angewiesenen Plätze die Möglichkeit, Gedanken zu verkörpern, verliehen ist. Wie bei vielen anderen mittelalterlichen Denkmälern ist eben auch in unserem Falle die Architektur ein wesentliches Mittel des Ausdruckes.

Auf Grund des Charakters der Freiburger Schöpfung haben wir uns mithin bereits ein klares Bild über die Art und Weise ihrer Entstehung verschaffen können. So wird es uns nun auch nicht wunder nehmen, seine völlige Richtigkeit durch eine gleichzeitige Urkunde bestätigt zu sehen. Denn als solche haben wir zweifellos die Figurengruppe unter der Statue der heiligen Katharina anzusehen. Leider lässt sich nicht mehr allzuviel aus ihr folgern: die Köpfe sind modern, und die Tracht ist wegen der Ungenauigkeit und Kleinheit der Arbeit wenigstens bis auf eine mit einem Dominikanermantel bekleidete Figur nicht mehr mit unbedingter Sicherheit zu ermitteln. Aber soviel steht fest, dass wir in diesen Gestalten, wie auch Marmon[86] und Adler[87] bereits angenommen haben, die Urheber des Planes und in der unter ihnen hervorragenden Figur den Meister der Vorhalle zu erkennen haben, diesen also ganz unserer Voraussetzung entsprechend mit jenen in engster Verbindung sehen.[88] Es ist somit sehr zu bedauern, dass der heutige Zustand der Gruppe nicht geeignet ist, weitere Aufschlüsse zu gewähren. Nur soviel sind wir ihr zu entnehmen berechtigt, dass die Komposition nicht einen sondern mehrere Verfasser hat. Ob wir recht haben, diese in der Reihe der Freiburger Dominikaner zu suchen, wird sich zeigen; die Vermutung davon ist schon mehrfach ausgesprochen, aber noch nie näher begründet worden. Auf den verfehlten Versuch Bocks, ihre Unhaltbarkeit zu erweisen, brauchen wir nicht mehr zurückzukommen.

Enge Beziehungen zwischen dem Dominikanerorden und dem Münster setzen unzweifelhaft die beiden überlebensgrossen Dominikanerstatuen voraus, welche am oberen Turmgeschoss ihre Aufstellung gefunden und deren eine, den sogenannten Albertus, wir bereits erwähnt haben. Denn sonst wäre die Errichtung dieser Standbilder für uns ein Rätsel, zumal sich keine Franziskanerstatue am Münster findet, und die Mitglieder dieses Ordens, wie wir wissen, sich in gleicher Weise wie die Dominikaner grosser Beliebtheit in Freiburg erfreuten, eine derartige offenbare Zurücksetzung von ihnen also durchaus unverständlich wäre. Nur in einer Nebenscene, nämlich in der Reihe der aus ihren Gräbern auferstehenden Gerechten, haben einige Franziskaner neben einem Dominikaner Platz gefunden.

Den sicheren Beweis für die Autorschaft der Dominikaner lehrt uns aber eine Betrachtung der Gestalt, die wir als den „Fürsten der Welt" bezeichneten, kennen.

Wie wir bereits auseinander gesetzt haben, geht sie auf die Beschreibung zurück, welche Konrad von Würzburg in seinem Gedichte „der werlte lôn" von dieser giebt. Denn findet sich auch schon vor ihm bei Walther von der Vogelweide eine gleiche Schilderung der Welt, so hat doch erst Konrad den Stoff zu einer Erzählung erweitert und dadurch in höherem Masse die allgemeine Aufmerksamkeit auf ihn hingelenkt.[89] Von bildlichen Darstellungen, welche ihn behandeln, sind bisher nur fünf bekannt geworden. Sie gehören sämtlich der deutsch-gotischen Plastik an und finden sich ausser in Freiburg an dem südlichen Portale der Westfassade des Strassburger und an der Hauptfassade des Basler Münsters, an der Aussenseite des nördlichen Seitenschiffes von St. Sebald in Nürnberg und am Südportale des Domes zu Worms; die beiden letzteren stammen aus dem XIV., die zu Strassburg und Basel aus dem Ende des XIII. oder Anfang des XIV. Jahrhunderts. Die erste Fassung der von Konrad entworfenen Schilderung der Frau Welt in plastische Formen zeigt also die Freiburger Gestalt und zwar gleich mit einer sehr bemerkenswerten Veränderung des gegebenen Stoffes, indem die Frau Welt in einen Mann, in den „Fürsten der Welt" verwandelt ist! Diesem Vorgange sind die Darstellungen in Strassburg und Basel gefolgt: dort findet sich die Allegorie der Welt mit einer der thörichten Jungfrauen, hier mit einem Mädchen, welches verführt werden soll, zu einer Gruppe vereinigt. Die Auffassung und der Stil zeigen in beiden Fällen eine grosse Abhängigkeit von einander, und ebenso steht ihre Zusammengehörigkeit mit der Freiburger Statue ausser allem Zweifel. Diese ist als das Ausschlag gebende

Beispiel für beide anzusehen, nur dass in ihnen der in Freiburg zwar angedeutete, aber nicht durchgeführte Gruppengedanke einen prägnanteren Ausdruck und zugleich seine glücklichste Lösung gefunden hat. Eine genaue Darlegung dieses Verhältnisses nach seiner stilistischen Seite wird in einigen späteren Kapiteln erfolgen. In Worms ist die Welt in ganz ähnlicher Weise wie in Freiburg, aber als Frau gegeben; zu ihren Füssen befindet sich die kleine Gestalt eines Ritters, dem sie einen Schild darreicht, hiermit andeutend, dass sie ihn zu ihrem Streiter bestellt.[90] In Nürnberg ist sie gleichfalls unter dem Bilde einer Frau dargestellt, deren Rücken kriechendes Ungeziefer bedeckt.[91] Auch in diesen beiden Fällen ist eine Abhängigkeit von den ersterwähnten Werken nicht ausgeschlossen. Für Worms lässt sie sich ohne weiteres aus der Nähe der gewiss bekannten und wohl auch vielbesprochenen Darstellungen der drei Rheinstädte erklären; ohnedem scheinen stilistische Beziehungen zu Strassburg hinüberzuführen. In Nürnberg ist eine Beeinflussung schwerer nachzuweisen, gleichwohl werden wir gut thun, eine solche vorauszusetzen, da es keineswegs an anderweitigen Verbindungspunkten zwischen Nürnberg und dem Rhein, speziell Freiburg, fehlt. So tritt die plastische Darstellung der Welt nicht nur zuerst in Freiburg auf, sondern scheint auch — das ist äusserst wichtig — in der hier geschaffenen Form gleich von weit greifendem Einflusse auf alle anderen Behandlungen dieses Gegenstandes gewesen zu sein! Denn jetzt drängt sich mit aller Macht die Frage auf, welcher Anlass die Einführung dieser Allegorie grade in den Freiburger Cyklus und damit in das Gebiet der bildenden Kunst überhaupt hervorgerufen hat?

Schade, dass uns der Grabstein Konrads nicht mehr erhalten ist; wir würden sicher im Augenblick aus seiner Aufschrift erfahren, was wir jetzt aus zerstreuten Nachrichten zusammensuchen müssen, dass er ein inniger Freund der Dominicaner in Freiburg gewesen, und sein nahes Verhältnis zu diesen damals allgemein bekannt war.[92] Wir würden auch Aufklärung darüber erhalten, wo der Dichter der „Goldenen Schmiede" eigentlich gestorben ist. Denn nachdem sich die schriftliche Nachricht, welche ihn am 13. August 1287 gleichzeitig mit seiner Frau und zwei Töchtern in Basel sterben lässt, als unbrauchbar erwiesen hat,[93] stehen wir ratlos. Schon mehrfach ist Freiburg als Todesort in Vorschlag gebracht und sogar behauptet worden, Konrad sei gegen Ende seines Lebens in den hiesigen Predigerorden eingetreten und auch daselbst gestorben;[94] dann ist wieder beides in Abrede gestellt worden.[95] Gern ergreife ich daher die Gelegenheit, einiges Wenige mitzuteilen, was vielleicht zur Aufklärung der Frage beitragen und eventuell doch für Freiburg sprechen kann. Zunächst entnehme ich, allerdings ohne Gewähr, einer handschriftlichen Notiz, dass der Nekrolog des ehemaligen Dominikanerordens in Freiburg am 30. Januar einen „Bruder Cunrat von Würtzburg" aufführt.[96] Hiermit ist dann eine Urkunde von 1283 zusammenzuhalten, in welcher ein Bruder Konrad als Lesemeister des Dominikanerordens genannt wird,[97] und zuletzt kommt die bekannte Mitteilung in Betracht, welche ein Münchener Exemplar der „Goldenen Schmiede" — im Jahr 1350 zu Würzburg geschrieben — am Schlusse des Gedichtes enthält; ihr zufolge ist Konrad zu Freiburg begraben worden. Diese letztere Nachricht ist für uns die wichtigste; denn wir dürfen in ihr mit vollem Rechte einen äusserst wertvollen, urkundlichen Beleg für die nahen Beziehungen des Dichters von „der wërlte lôn" zu den Dominikanern von Freiburg erkennen, ein Beleg, der an Wichtigkeit wesentlich dadurch gewinnt, dass er der Zeit Konrads noch ziemlich nahe steht.

Kehren wir zu dem Ausgangspunkte unsrer Untersuchung, zu der Frage nach den Verfertigern des Programmes, zurück: die Beantwortung derselben wird uns jetzt keine Schwierigkeiten mehr bereiten. Denn zweifellos ist Konrad, ob nun direkt oder indirekt, ein weitgehender Anteil an der plastischen Darstellung des „Fürsten der Welt" zuzuschreiben, und ebenso unzweifelhaft ist es, dass dieser durch seine guten Freunde in Freiburg, die Dominikaner daselbst, vermittelt worden ist. Der einfachste Weg aber, den man für diese Vermittelung annehmen kann, ist der, dass man in den Dominikanern die Schöpfer der Komposition erblickt.

Damit stimmt auch die vermutliche Entstehungszeit von „der wërlte lôn" ganz vortrefflich überein.; denn kaum vor der Mitte des XIII. Jahrhunderts entstanden, ist es doch sehr fraglich, ob bis zum Anfange der sechziger Jahre d. h. bis zum Beginne der Arbeiten an den Skulpturen bereits eine Abschrift desselben in die Hände der Dominikaner hätte gelangt sein können, sodass man sicherer geht, anzunehmen, Konrad habe selbst, als er auf Besuch nach Freiburg kam, sein Poem mitgebracht, zumal er damals ein gewiss noch nicht weit bekannter Dichter war; denn wir haben in „der wērlte lōn" wohl mit Recht sein Anfangswerk zu erkennen.[98] Auf diese Beziehungen hin aber Konrad von Würzburg die Aufzeichnung des Programmes zuzuschreiben, woran man vielleicht auch denken könnte, hiesse zuweit gehen, ganz abgesehen davon, dass schon die Figurengruppe unter der Statue der hl. Katharina eine solche Annahme ausschliesst, indem sie uns veranlasst, nicht einem Einzigen, sondern mehreren gemeinsam die Autorschaft zuzuweisen.[99] Nein, der Ruhm einen der durchdachtesten und geistvollsten Cyklen des Mittelalters geschaffen zu haben, gebührt dem Dominikanerorden von Freiburg.

Eine dunkle Zeit hat man das Mittelalter oft gescholten, und dunkel ist uns wirklich auch heute noch der Sinn so mancher seiner Schöpfungen; aber die Schuld liegt nicht an ihnen, sondern daran, dass wir den Schlüssel, der uns ihr Verständnis erschliesst, nicht aufzufinden vermocht haben. Das wird uns nirgends klarer als vor den Wandgemälden der Spanischen Kapelle in Florenz, den Musterbeispielen einer von Dominikanern entworfenen Komposition. Auch der Freiburger Cyklus verdankt, wie wir gesehen haben, Mitgliedern dieses Ordens sein Programm, das mag die Schwierigkeit mit erklären helfen, auf welche bisher jeder Deutungsversuch desselben gestossen ist. Denn von einem Convent, der wie der Freiburger lebhaften Anteil an der reichbewegten geistigen Thätigkeit seiner Zeit nahm, wird man nicht erwarten können, dass er uns eine sofort und leicht dem Verständnis sich erschliessende Komposition hinterlassen habe. Eine solche Annahme verbietet auch bereits die Reihe hoch angesehener und wissenschaftlich äusserst bedeutender Lehrer, welche der Orden damals zu den Seinen zählte, und deren Namen die Bibliotheca ordinis fratrum praedicatorum des Pater Antonius Senensis verzeichnet. Hier finden wir nacheinander Erwähnung gethan: „um 1250 eines Pater Johannes Teuto Friburgensis, als im kanonischen Recht hochgelehrt; eines Pater Johannes de Vriburgo, der eine Summa valde notabilis de casibus conscienciae und ein Confessionale schrieb um 1260; ferner um 1270 eines Frater Theodoricus de Friburgo Magister in theol., vir suo tempore doctrina clarissimus, von welchem ausser mehreren theologischen auch einige naturwissenschaftliche Werke vorhanden sind." [100] Auch dürfen wir mit Recht wohl in Erinnerung bringen, dass Albertus Magnus eine Zeitlang im Orden geweilt und das Amt des Lesemeisters eingenommen hatte.

Doch blieb der Wirkungskreis dieser gelehrten Thätigkeit nicht nur, wie man vielleicht annehmen möchte, auf die stille Klosterzelle beschränkt; ganz im Gegenteil ging das Bestreben dahin, auch weiteren Kreisen die Resultate mönchischen Fleisses und damit die Elemente höherer geistiger Bildung zugänglich zu machen. Das geeignetste Mittel hierzu erblickte man in der Errichtung einer Klosterschule, welche bei dem damaligen Stande des Unterrichtswesens binnen kurzem dazu berufen war, einen sehr wesentlichen, wenn nicht den wichtigsten Faktor in der Erziehung auszumachen. Ihr Leiter muss in Freiburg eine sehr angesehene Stellung eingenommen haben, häufig finden wir ihn unter der wechselnden Bezeichnung scolasticus, Schul- oder Lesemeister als Zeugen namhaft gemacht. [101] Als den bedeutendsten unter ihnen haben wir zweifellos Albertus Magnus anzusehen, und nicht unmöglich erscheint es, dass der in der Urkunde von 1283 erwähnte Lesemeister Konrad der berühmte Dichter der „Goldenen Schmiede" ist. Wir werden demnach kaum fehl gehen, der Klosterschule eine gewiss ziemlich weitgehende Einwirkung auf die Höhe des Bildungsniveaus in Freiburg zuzugestehen und anzunehmen, dass wenigstens die gleichen allgemeinen Anschauungen und Ideen, welche im Orden herrschten, auch der Bürgerschaft geläufig waren. Diese geistige Uebereinstimmung ist wohl zu beachten und darf bei der Betrachtung des Cyklus nicht übersehen werden.

Denn das XIII. Säkulum ist eine an Unterströmungen keineswegs arme Zeit. Nicht nur dass sich die Mystik seit der Mitte des Jahrhunderts allmählich herauszubilden anfängt, auch an deutlichen

Spuren von Skepsis fehlt es nicht: als hervorragendster Vertreter derselben tritt uns Wolfram von Eschenbach in seinem Willehalm entgegen. Leicht hätte die eine oder die andere dieser Bewegungen in der aufblühenden breisgauischen Kommune Boden fassen können, zumal diese als günstig gelegener und sich machtvoll entfaltender Handelsplatz inmitten eines regen Verkehres stand.[101] So aber dürfen wir überzeugt sein, dass ein gemeinsamer Ideenkreis dominikanischen Gepräges das geistige Leben der Stadt beherrschte und eine allgemeine Verständlichkeit des Cyklus auch in weiteren Kreisen zur Folge hatte. Denn damit war jeder einsichtige Besucher des Münsters schon vor Betreten der Vorhalle vollständig auf die Anschauungen vorbereitet, welche er in ihrem Statuenkreise niedergelegt finden sollte, und ein Zweifel über den Charakter derselben konnte ihm ebensowenig wie auch uns jetzt kommen.

Der Freiburger Cyklus fällt seiner Entstehungszeit nach genau mit dem Augenblicke zusammen, wo die Scholastik ihren Höhepunkt erreicht, indem sie mit Hülfe des Aristoteles die Einheit von Glauben und Wissen in einem vollkommen ausgebildeten philosophischen Systeme darstellt. Gleichzeitig gelingt es einigen Männern, im Anschluss an diese Weltauffassung das gesamte reale Wissen in umfangreichen Werken ebenfalls zu einem Systeme zusammenzufassen und damit die zuerst in hellenistischer Zeit hervorgetretenen encyklopädistischen Bestrebungen in grossartigster und monumentalster Weise zum Abschlusse zu bringen. Hier wie dort stehen die Dominikaner in erster Reihe: Albertus Magnus und Thomas von Aquino begründen die specifische Philosophie der römischen Kirche: neben die Sammelwerke der Franziskaner Alexander von Hales und Bonaventura stellt der Dominikaner Vincentius von Beauvais, der Freund Ludwig XI., sein speculum quadruplex. Das waren die Grundlagen, welche für ein dominikanisches Programm in Betracht kommen konnten, auf ihnen baut sich auch der Freiburger Cyklus auf, und als ein echtes Kind dieser glanzvollen Periode gewaltigster Geistesarbeit spiegelt er getreulich so manchen charakteristischen Zug der Zeit um 1250 wieder.

Den räumlichen Bedingungen gemäss zerfällt die Komposition in zwei Hälften, von denen die eine das Portal und dessen

Laibungswände, die andere die Blendarkaden der Vorhalle umfasst. Im Allgemeinen kann man sagen, steht das Programm unter den Zeichen der encyklopädistischen Richtung, wobei freilich die Beschränktheit des Raumes manigfache Modifikationen erforderte. Als ein weiteres den Charakter des Cyklus wesentlich beeinflussendes Element gesellt sich ein stark lehrhafter Zug hinzu, welcher der ganzen Komposition erst ihren eigentümlichen Reiz und ihre Besonderheit verleiht.[103] Zu guterletzt aber dürfen wir nicht vergessen, dass der Cyklus keineswegs rein wissenschaftlichen sondern vornehmlich religiösen Zwecken zu dienen hat, ein Umstand, dem auch die überlegten Verfertiger des Programmes in verständiger Weise Rechnung zu tragen gewusst haben.

Gleich die Darstellungen des Thürfeldes und der Laibungen des Portales, welche die gesamte Heilslehre in durchdachter und übersichtlicher Form zur Anschauung bringen, erinnern uns lebhaft daran, dass wir mitten im Zeitalter der Encyklopädien stehen, wo jeder Chronikenschreiber es für unerlässlich hält, sein Werk mit der Schöpfung zu beginnen und mit der Schilderung des Jüngsten Gerichtes zu beschliessen. Denn die Anschauung der Zeit bringt es mit sich, dass die Heilsgeschichte als der unbedingt erforderliche Rahmen für die ganze Weltgeschichte angesehen wird. Wenn wir also in Freiburg nur die erstere verbildlicht finden, werden wir darin mit Recht einen Hinweis auf den rein religiösen Charakter des Cyklus zu erkennen haben.[104]

In genau geschichtlicher Reihenfolge treten in der äussersten Achivolte von Adam an die Patriarchen auf, bis Judas einschliesslich die Zeit ante legem vertretend (südliche Hälfte der vierten Archivolte, Figur 1—9). Die folgenden Gestalten haben wir als die Repräsentanten der Zeit der Richter zu betrachten (nördliche Hälfte, Figur 10—18). Eva beschliesst ihre Reihe; ihre Gegenüberstellung zu Adam, welche die chronologische Aufeinanderfolge der Gestalten zu durchbrechen scheint, erklärt sich sowohl aus künstlerischen wie genetischen Rücksichten: einerseits sind beide die einzigen unbekleideten Figuren der ganzen Laibung und anderseits stellen sie die Stammeltern aller in diesem Rahmen eingeschlossenen Gestalten dar.[105] In der dritten Archivolte treten uns in sechzehn Königen die Vertreter der Geschichte des jüdischen

Volkes seit Einführung der Monarchie entgegen, und zwar bis auf Christus herab. Denn auf diesen nimmt bereits deutlich die folgende Reihe von Figuren Bezug (zweite Archivolte): fünfzehn Propheten des alten Bundes als die Vorherverkündiger des Messias. Mit den Gestalten aus der Patriarchenzeit und mit den Königen vereinigen sie sich zu einem völlig geschlossenen Bilde der fortlaufenden Geschichte des Alten Testamentes, dargestellt in ihren Hauptrepräsentanten von den Uranfängen an bis zur Zeit ihrer Vollendung und mit klarem Hinweis auf den Messias — die Erlösung des Menschengeschlechtes — das Neue Testament.

Diesem ist der plastische Schmuck des Thürfeldes gewidmet. Den ersten und innersten Laibungsbogen, welcher es unmittelbar einschliesst, nehmen zwölf Engel ein, welche ohne jede tiefere symbolische Bedeutung nur zur Verherrlichung des menschgewordenen Heilandes und der Letzten Dinge, die hier dargestellt sind, dienen sollen — ein von poesievoller Empfindung zeugender Gedanke.[106] In geschickter Weise ist der Inhalt des Neuen Testamentes in seinen wesentlichsten Punkten mit wenigen Scenen scharf und deutlich hervorgehoben. Einiges, was sich bei dem beschränkten Raume des Tympanon auf diesem selbst nicht mehr zur Darstellung bringen liess, hat auf den Sockeln der grossen Statuen in den Portallaibungen Platz gefunden.

Die Erzählung beginnt im unteren Teile des Thürfeldes rechts mit der Geburt Christi und der Verkündigung an die Hirten. Es folgt dann gleich die Schilderung des Leidens Christi und zwar in seinen Höhepunkten: Gefangennahme, Geisselung, Kreuzigung;[107] der Selbstmord des Judas, als Nebenepisode von packender Wirkung, ist mehr zur Ausfüllung einer freigebliebenen Stelle benutzt worden.

Zeigt schon dies, wie ungemein geschickt die Verfertiger des Programmes mit dem ihnen zu Gebote stehenden Raume zu operieren wussten, so gilt dies in noch höherem Masse von der meisterhaften Weise, mit der die Kreuzigung und das Jüngste Gericht zu einer gemeinsamen Darstellung verbunden worden sind.[108] Der Uebergang zu dieser von den Leidensscenen wird dabei durch zwei Posaunen blasende Engel gewonnen, welche in den unteren Ecken des Tympanon angebracht, noch den weiteren Zweck erfüllen, in Verbindung mit zwei anderen Engeln des Jüngsten Gerichtes, die in den oberen Ecken des Thürfeldes angeordnet sind, den ganzen Darstellungskreis der Scenen aus dem Neuen Testamente in künstlerischer wie in charakteristischer Hinsicht gleich befriedigend abzuschliessen. Die figurenreichen Bilder zu einem Ganzen vereinigend, weisen sie eindringlich auf das hin, was die mittelalterlichen Gemüter nie genug beschäftigen konnte, das Endziel der Weltgeschichte und aller Dinge: das Jüngste Gericht. Als Beisitzer bei diesem folgen über den Reihen der Seligen und Verdammten auf zwölf Stühlen sitzend die Apostel, um die zwölf Geschlechter Israels zu richten, und über ihnen wieder thront Christus selbst als Weltenrichter, von Engeln, die seine Marterwerkzeuge tragen, und von Maria und Joseph als Fürbittern umgeben — ein würdiger und zusammenfassender Abschluss: der Hinweis auf Erlösung und Vollendung in Eins.

„Das ganze Relief enthält daher, um es zusammenzufassen, die Geschichte des Heils und des Gerichts, der Erde und des Himmels, und zwar so, dass der irdische Hergang, obgleich nach menschlicher Betrachtungsweise der Vergangenheit angehörig, als die Ursache des Gerichts, mit den Wirkungen, der Scheidung der Gerechten und Ungerechten am Jüngsten Tage, verschmolzen ist. Es ist speziell die Geschichte Christi, und zwar so, dass sie von seiner Geburt bis zu seiner Wiederkunft aufwärts und von dieser in ihren Wirkungen wieder abwärts steigt. Zeit und Raum verschwinden für diese Betrachtung der Ewigkeit und die entfernten Momente rücken nach ihrer inneren Verbindung zusammen."[109]

So hat die Erzählung mit schnellen Schritten ihren Höhepunkt und ihr Ziel erreicht; aber es mochte nun wünschenswert erscheinen, durch einige weitere Bilder diese summarische Darstellung zu ergänzen, wenigstens in Bezug auf das Neue Testament. Denn der Alte Bund war wesentlich nur als die Vorbereitung auf den Neuen aufgefasst worden (praeparatio evangelica) und die Gestalten der drei äusseren Archivolten boten ein, wenn auch abgekürztes, so doch ausreichendes Bild seiner geschichtlichen Entwickelung dar. Dagegen harrte noch ein äusserst wichtiger Teil des Neuen Testaments der Verbildlichung, die Apostelgeschichte. Dieser sind zum Teil die Darstellungen an den Sockeln der Portalstatuen entnommen. Wir finden hier, zugleich als „demonstratio evangelica", Christus und den ungläubigen Thomas, das Martyrium Petri, Johannes des Evangelisten und Bartholomaei, sowie das Wunder des hl. Andreas. Die Vorliebe für Leidensscenen, welche sich in dieser Auswahl kundgiebt, ist ein Anzeichen des schon hervorgehobenen, der Komposition eigentümlichen lehrhaften Charakters. Die Verkündigung der Geburt Johannes d. Täufers an Zacharias und das Martyrium des ersteren verdanken ihre Wiedergabe dem Umstande, dass sie Parallelerscheinungen aus dem Neuen Testamente zu der Verkündigung an Maria und dem Opfertode Christi sind.[110]

Als eine weitere Ergänzung haben wir dann noch die dem Marienleben und der Jugendgeschichte Christi entlehnten Scenen der Verkündigung der Geburt an Maria, der Heimsuchung und der Anbetung der Könige anzusehen, welche in den grossen Einzelstatuen der Portallaibungen wiedergegeben sind. Vornehmlich haben sie allerdings die Aufgabe, die Madonna zu feiern, welche mit dem Christkinde auf dem Arme den ihr meist angewiesenen Ehrenplatz am Thürpfeiler auch hier erhalten hat. Ihr zu Füssen entspriesst die Wurzel Jesse und umspinnt am Thürpfeiler aufwärts steigend mit ihrem Rankenwerk in sinniger Weise das ganze Tympanon mit seinen reichen Darstellungen aus dem Leben und Wirken des Erlösers; denn so erscheint recht eigentlich sie, nicht Christus, als die Trägerin der Heilswahrheiten des Neuen Testamentes, und ihre Bedeutung wächst über die des Heilandes noch hinaus.

Gleichsam als Einführung und Schlüssel zum Ganzen aber stehen in den beiden äussersten Kehlen die Gestalten des Alten und des Neuen Bundes da — in einer kürzesten Fassung alles das zusammendrängend, was der Bilderschmuck des ganzen Portales besagen und darstellen soll.[111]

Das letztere enthält somit einen vollständig in sich geschlossenen Darstellungskreis, dessen wohldurchdachter Plan um so mehr Beifall finden muss, als er musterhaft zusammenkomponiert mit grösster Klarheit und Bestimmtheit dem Beschauer vor die Augen tritt. Schon dies muss uns veranlassen, wenden wir uns jetzt zu dem zweiten Teile der Komposition, den grossen Statuen der Vorhalle, auch für ihn ein Arbeiten nach einem bestimmten, wohlüberlegten Programm in Anspruch zu nehmen. Den Beweis für die Richtigkeit dieser Annahme mag aber der hier vereinte

Figurenkreis selbst erbringen. Indem wir seine stumme Bilder-
sprache, Statue um Statue, einfach in Worte übersetzen werden,
soll er uns freiwillig sein Geheimnis offenbaren.

Die erste Gestalt, welche der Besucher des Münsters bei dem
Betreten der Vorhalle zu seiner Linken erblickt, ist ein guter
Bekannter von uns: der „Fürst der Welt". Bisher hatten wir
es stets mit seiner Genesis zu thun, jetzt wollen wir ihn einmal
auf seine eigentliche Bedeutung für den Cyklus hin prüfen.
Davon ausgehend, dass bei seiner Anfertigung unzweifelhaft
das Gedicht Konrads als Vorlage gedient hat, sollte man erwarten, dass der Fürst der Welt nur als eine männliche Umbildung der Frau Welt, mithin einfach als eine Allegorie der Sinnenlust, alias der Minne, aufzufassen wäre. Das ist aber keineswegs
der Fall, wie aus einer Betrachtung der neben ihm stehenden
Gestalt sofort hervorgeht. Denn in dieser haben wir fraglos die
Repräsentantin der Wollust zu erkennen, wir müssten dann also
annehmen, dass die Verfertiger des Programmes zweimal genau
dem gleichen Gedanken nur in verschiedener Form greifbare Gestalt verliehen hätten. An einen derartigen Pleonasmus der Ausdrucksweise können wir nicht glauben. Der Fürst der Welt ist
viel allgemeiner zu fassen, das beweist eine andere Figur des
Cyklus, welche wir bestimmt mit ihm in Verbindung zu bringen
haben. Es ist der Christus, welcher auf derselben Seite der Vorhalle neben den klugen Jungfrauen steht. Die Identität der ein-
ladenden, winkenden Bewegung in beiden Fällen stellt dies ausser
Frage. Die Stellung, welche diese zwei Gestalten in dem Cyklus
einnehmen, bedarf kaum der Erklärung: sie vertreten den Gegensatz des bösen und des guten Prinzipes und zwar in der Weise,
dass der Heiland zum Eintritt in sein Reich auffordert — er steht
unmittelbar neben dem ersten Laibungsbogen des Portales, und
wir werden daher gut thun, an die im Mittelalter geläufige symbolische Auffassung der Kirchenthüre als „Porta coeli" zu erinnern!
— der Fürst der Welt dagegen, wir können sagen, der Teufel
in der Gestalt des Versuchers die Menschen von Gott abzulenken
und aus der allein seligmachenden Gemeinschaft der Kirche heraus-
zulocken bestrebt ist: seinen Standort hat er daher unmittelbar neben
dem Ausgange der Vorhalle gewählt. Dieser ihrer allgemeinen Bedeutung entspricht auch vollkommen ihre Haltung und Bewegung:

beide wenden sich gleichsam an die Allgemeinheit, und weder der Fürst der Welt noch Christus sind durch die Beifügung eines speziellen Partners als die Glieder je einer besonderen Gruppe charakterisiert worden. Sie sind durchaus als Einzelfiguren gedacht und behandelt, und die neben ihnen stehenden Statuen haben wir nur als eine Art Begleitschaft, keinesfalls aber als mehr aufzufassen. Die Aufgabe, welche sich die Verfertiger des Programmes hier gestellt hatten, war also die, zwei Gestalten zu schaffen, welche den Gegensatz von Gut und Böse in leicht fasslicher Weise verkörpern würden. Als geeignetster Vertreter des ersteren bot sich fast von selbst schon Christus dar; weit schwieriger dagegen gestaltete sich die Aufgabe betreffs der andern Figur, denn es gab wohl bereits eine feststehende Form für „den Bösen", aber nur in der abschreckenden Gestalt des auf die antike Satyrbildung zurückgehenden mittelalterlichen Teufeltypus. Diesmal handelte es sich jedoch darum, den Teufel als Versucher und Verführer, also in einnehmender und verlockender Gestalt darzustellen. Diesen Anforderungen entsprach nichts besser als die von Konrad von Würzburg ausführlich und plastisch geschilderte Allegorie der Frau Welt, denn in ihr gewann das doppelseitige Wesen der letzteren einen prägnantesten Ausdruck: das Glänzende und Verführerische wie das Schlechte und Falsche an ihr kommen durch sie in gleicher Weise zur Geltung.

Es fehlte nun freilich viel, dass die Frau Welt so ohne Weiteres im Cyklus Aufnahme finden konnte. Ihre Bestimmung, als Gegenstück zum Christus zu dienen erforderte zuvor gebieterisch ihre Umwandlung in den Fürsten der Welt; erst nach dieser Metamorphose, welche im Zusammenhang stand mit der Generalisierung ihrer beschränkteren Bedeutung in Konrads Gedicht, fügte sich die Allegorie der Frau Welt harmonisch dem Rahmen des Cyklus ein. Auf diese Weise entstand unter den Händen der Dominikaner von Freiburg eine der packendsten Schöpfungen, welche die mittelalterliche Kunst aufzuweisen hat. Ihre schnelle Verbreitung ist kein Wunder.

Neben dem Fürsten der Welt steht die Voluptas: eine mittelalterlich gelehrte Fassung der Venus-Aphrodite. Ihre Bedeutung wurzelt darin, die allgemein gehaltene Allegorie des Fürsten der Welt näher zu umschreiben und konkreter zu fassen d. h. die

Welt von einer ihrer und besonders in den Augen von Mönchen verführerischsten Seiten darzustellen. Vielleicht sollte auch das Minnewesen der Zeit damit getroffen werden. Wie weit dasselbe im XIII. Jahrhundert nachgerade gediehen war, zeigt zur Genüge der romantische Zug Ulrichs von Liechtenstein als Frau Venus durch die Lande.[112] Selbst den Geistlichen wurde es oft schwer, dieser Göttin gegenüber ein gewisses Gelübde streng zu halten, und nicht immer glückte es ihnen. Eine Statue der Voluptas war demnach in einem Programme dieser Zeit nicht unangebracht, und wenn sie in Freiburg etwas gelehrt ausgefallen ist, so haben das die Dominikaner schon selbst empfunden, indem sie ihr einen Warnungsengel mit der schriftlichen Mahnung: „ne intretis" beigaben. Denn damit wird dem Beschauer jeder Zweifel hinsichtlich der Bedeutung der hier dargestellten Personifikation genommen.[113]

Die übrigen Statuen, welche auf dieser Seite der Vorhalle angeordnet sind, (Aaron, Sarah, Johannes der Täufer, Abraham mit Isaak, Maria Magdalena, die fünf klugen Jungfrauen und Christus) gehören eng zusammen: in ihnen haben die Verfertiger des Programmes — ganz im allgemeinen gefasst — ihren Tribut an die damals herrschende und im Laufe des XIII. Jahrhunderts ihren Höhepunkt erreichende Marienverherrlichung entrichtet.[114] Es geschah dies in der glücklichsten Weise dadurch, dass die Gottesmutter nicht direkt, sondern, wie wir gleich sehen werden, indirekt in ihrem Sohne gefeiert wurde.

Folgen wir bei unsrer Betrachtung der Gestalten ihrer ursprünglichen Anordnung, so treffen wir zunächst auf Abraham mit Isaak und Sarah und damit gleich auf einen der bekanntesten und häufigsten Typen Christi. Denn die Opferhandlung Abrahams wird von der mittelalterlichen Symbolik mit Vorliebe der Selbstaufopferung des Heilandes gegenübergestellt. Die gleiche Bezugnahme findet natürlich auch in unserem Falle statt und tritt uns, nur in andrer Fassung, ebenso in der Gestalt Aarons entgegen, welche ehemals an dritter Stelle gestanden haben wird. Als Hoherpriester des Alten Bundes, welcher zu Ostern für das ganze Volk die Opferung des stellvertretenden Lammes vollzieht, weist er — nicht nur nach mittelalterlicher Auffassung — auf Christus, den Hohenpriester des Neuen Bundes hin, der das stellvertretende

Opferlamm mit seiner eigenen Person vertritt.[115] Am augenfälligsten aber finden wir diesen wiederholten Hinweis auf den Opfertod Christi in der ̧Gestalt Johannes des Täufers ausgesprochen: er hält in seiner Rechten das Lammsymbol und weist eindringlich auf dasselbe hin. Die Beziehung dieser und der vorgenannten Gestalten auf den Heiland kann unmöglich deutlicher zum Ausdruck gebracht werden.[116] Auf Johannes, den unmittelbaren Vorgänger und letzten Propheten des Herrn, folgt dann in äusserst sinniger Weise Maria Magdalena, — seine erste Schülerin.[118] Zugleich leitet sie geschickt zu den klugen Jungfrauen hinüber,[119] deren Bräutigam wieder Christus ist und als solcher den Beschluss macht, wobei freilich zu bemerken ist, dass zwischen ihm und den Jungfrauen nur ein lockerer Zusammenhang und ein ähnlich sich ergänzendes Verhältnis wie zwischen dem Fürsten der Welt und der Voluptas besteht. Die eigentliche Bedeutung des Christus liegt in einer ganz anderen Richtung und ist bereits ausführlich gewürdigt worden; wir haben also jetzt nur noch einen Augenblick bei seiner Stellung den eben genannten Figuren gegenüber zu verweilen. Aus seiner Anordnung in e i n e r R e i h e mit ihnen möchten wir nämlich schliessen, dass nicht er, sondern seine Mutter als der gefeierte Endpunkt dieser ganzen Statuenfolge anzusehen ist. Jeder Zweifel an der Richtigkeit dieser Auffassung muss schwinden, wenn wir sehen, wie mitten unter den Christustypen in Gestalt der Sarah,[119] ein ausgesprochener Marientypus auftritt. Denn diese ist an dem Vorgange der Opferung ihres Sohnes selbst unbeteiligt und kann demnach nicht auf Christus sondern einzig auf Maria bezogen werden, bei der das Gleiche der Fall ist: die Mutter des zum Opfer Geforderten wird hier zum Typus der Mutter des wirklich Geopferten, deren göttliche Erscheinung nun durch diese stufenweise Vorbereitung und Verherrlichung des Sohnes zu einem Höchsten gesteigert wird — durchaus entsprechend der Auffassung, welche das XIII. Jahrhundert von der Jungfrau Maria hegte. Würde es hingegen in der Absicht der Dominikaner gelegen haben, Christus als den gefeierten Mittelpunkt jener Statuenreihe hinzustellen, so hätte er unbedingt eine stärkere Hervorhebung erfahren müssen, ihm und nicht Maria hätte der Platz am Thürpfeiler gebührt! So aber giebt uns gerade ihre Aufstellung an diesem bevorzugten Platze ein Recht zu unserer Deutung. Ist es noch nötig daran zu erinnern, dass das Münster der Maria geweiht und ihrer Wichtigkeit bereits durch die auszeichnende Darstellung einiger Hauptmomente ihres Lebens Rechnung getragen ist!? Nein, es ist überflüssig, weiter ein Wort darüber zu verlieren: das XIII. Jahrhundert stand unter dem Zeichen des Marienkultus, Christum zu feiern hat es nie gedacht! Oder hat das ganze XIII. Säkulum für Christus ein ähnlich verherrlichendes Werk hervorgebracht wie etwa das Mariale Alberti Magni oder die „Goldene Schmiede" des Konrad von Würzburg für Maria? Und das sind doch nur ein paar zufällig aus der reichen marianischen Litteratur dieser Zeit herausgegriffene Beispiele! Christus erscheint in dem Cyklus nur als eine Nebenperson, er steht in gleichberechtigtem Parallelismus dem Fürsten der Welt gegenüber, aber er ist nicht wie die Madonna als Mittelpunkt der Komposition dargestellt.

Die Statuenreihe auf der anderen Seite der Vorhalle wird dem Hauptportale zunächst, wie wir nicht anders erwarten können, durch die Gestalten der thörichten Jungfrauen eingeleitet. Denn der mittelalterliche Parallelismus verlangt stets eine entsprechende Anordnung gleichmässiger Glieder, hier also die der klugen und thörichten Jungfrauen. Ihre Parabel, über deren bekannten Sinn wir uns nicht erst auszulassen brauchen, gehört zu den beliebtesten Vorwürfen der mittelalterlichen Kunst. Ihr Auftreten in unserem Cyklus hat einen doppelten Zweck: erstens vermittelt sie zwischen den beiden Hälften, in welche die ganze Komposition der Vorhalle zerfällt, insofern sie als fast regelmässig wiederkehrendes Motiv in den mittelalterlichen Darstellungen des Jüngsten Gerichtes [110] den Besucher der Vorhalle auf das Tympanon des Portales hinweist, welches eine Schilderung desselben enthält; [111] zweitens verknüpft sie die Statuenreihen der beiden Seiten der Vorhalle mit einander. [112]

War auf der einen, welche wir eben betrachteten, der Gegensatz von Gut und Böse zur Anschauung gebracht worden, wobei sich eine günstige Gelegenheit zu einer Verherrlichung der Maria gezeigt hatte, so finden wir nun in den Gestalten der anderen Seite dieselben Gegensätze vertreten, aber aus dem theoretisch-allgemeinen dort, hier mehr in das praktisch-spezielle übersetzt. Die thörichten Jungfrauen sind nämlich für den Christen das klassische Beispiel der in der Versuchung unterliegenden Menschennatur und in dieser

Bedeutung erscheinen sie auch an dieser Stelle. Die Statuen der Wissenschaften dagegen geben das Mittel an, durch welches sich der Mensch von der Sünde befreien und zur Tugend und Weisheit emporsteigen kann. Denn durch ihre Pflege und mit ihrer Hülfe gelangt der Mensch zur Wiedervereinigung mit Gott! Das ist nach der Auffassung dieser Zeit die wundervolle und erhabene Aufgabe der Wissenschaften, und in diesem Sinne behandeln sie alle grosse Encyklopädisten in umfangreichen Teilen ihrer Kompendien. Ob wir das zweite Kapitel des „speculum majus" des Vincentius Bellovacensis oder des Bonaventura Schrift „reductio artium ad theologiam" aufschlagen, überall finden wir die gleiche Anschauung von dem Charakter und Zweck der Wissenschaften vorgetragen; jede andere ist verfehlt. Eine feindselige Stellung den Wissenschaften gegenüber nahmen erst die Mystiker des XIV. Jahrhunderts ein.[123]

Es bleiben uns noch die Gestalten der hl. hl. Margaretha und Katharina zu betrachten übrig. In ihnen gewinnen die von den andern Statuen und Bildern vorgetragenen Lehren greifbare und persönliche Gestalt. Indem die Geschichte dieser Heiligen zeigt, wohin die Bewährung der Tugend führt, verheisst sie auch ein Gleiches allen denen, die ihrem Beispiele folgen. Die hl. Margaretha bezwingt mit ihrer Reinheit den Teufelsdrachen,[124] die hl. Katharina, ausgezeichnet in wissenschaftlichen Kenntnissen, wird zur mystischen Braut Christi.[125] Ihre Zusammenstellung kann uns nicht Wunder nehmen, denn sie haben manche Berührungspunkte mit einander. In beiden Fällen bringen zuerst die Kreuzfahrer ihre Verehrung nach dem Abendlande, und beidemale schlägt dieselbe hier sofort tiefe Wurzeln und verbreitet sich so rasch, dass die Katharina bereits im XII. Jahrhundert nächst Maria Magdalena die populärste weibliche Heilige wird,[126] Sodann sind beide wegen ihres keuschen Lebenswandels hochberühmt und bilden auf diese Weise zugleich den schärfsten Gegensatz zur Gruppe des Fürsten der Welt und der Voluptas, von der sie nur durch den freien Raum des Einganges getrennt sind. Damit ist nun auch hier die Verbindung der beiden Seiten der Vorhalle hergestellt. Die einzelnen Teile der Komposition treten also überall in Beziehung zu einander, und das Ganze stellt sich als ein wahrer Cyklus d. h. ein völlig geschlossener Bilderkreis dar.[127]

Ueberschauen wir noch einmal das Werk der Dominikaner

von Freiburg: wir hoffen, manche werden sich jetzt unserer Meinung über den Charakter und die Bedeutung der Komposition anschliessen. Zwei kleine Engel bewachen mit Spruchbändern in den Händen den Eingang zur Vorhalle; die Inschriften auf ihnen lauten: „Nolite exire" und: „Orate et vigilate". Der Engel mit dem Spruche „Nolite exire" leitet die Gestaltenreihe ein, an deren Spitze der Fürst der Welt steht, sein Warnungsruf scheint aus dem Munde des Heilandes selbst zu kommen, das „Orate et vigilate" des anderen Engels ist an die thörichten Jungfrauen gerichtet, welche der Versuchung erlegen sind. Die wenigen Worte ihrer Spruchbänder fassen somit alles das kurz zusammen, was die Statuen der Vorhalle besagen sollen, sie sind gleichsam die Quintessenz des durch diese vertretenen Programmes,[118] und ihre Träger entsprechen also ihrer Bedeutung nach vollständig den beiden Gestalten der Kirche und Synagoge am Hauptportale. Hier beginnen die Seitenwände der Vorhalle allmählich zusammenzustreben und nach einem gemeinsamen Verknüpfungspunkte zu suchen. Diese Bewegung erreicht ihr ideales Ziel in der Madonnenstatue des Thürpfeilers, und diese wird dadurch zum Kardinal- und Mittelpunkte des ganzen Cyklus.[119] Denn einerseits beherrscht sie, hinausgehoben über alles Menschlich-Unvollkommene, die in den Statuen der Vorhalle wirksamen Gegensätze und unterwirft sie ihrem makellosen, göttlichen Zepter, und andrerseits umgiebt sie, ein mächtiger und imposanter Rahmen, die Darstellung der ganzen Heilsgeschichte, deren Vollender und und Erlöser sie in ihrem Schosse getragen und sich dadurch in seinem ewigen Himmelsreiche den Thron zu seiner Linken und die Königskrone, welche er trägt, mit errungen hat. Ueber dem Eingange zur Vorhalle empfängt sie dieselbe demütig aus seinen Händen. Als die vollkommene Reinheit und die Vollendung menschlichen Lebens in himmlischem Ideale, als Hüterin und vorsorgliche Schützerin, so steht sie am Eingange des Münsters „unser lieben Frau" zu Freiburg.

> Mariâ, muoter unde maget,
> diu sam der morgensterne taget
> dem wiselôsen armen her,
> daz ûf dem wilden lebemer
> der gruntlôsen werlde swebet,
> dû bist ein licht, daz immer lebet,

unt im ze selden ie erschein,
swenne ez der sünden agetstein
an sich mit sînen kreften nam.
swaz diu syrêne trügseam
versenken wil der schiffe
mit süezer doene griffe,
diu leitest. vrowe, dû ze stâde;
dîn helfe ûz tiefer sorgen bade
vil mangen hât erlediget.
dîn lop hât uns geprediget
Dominicus unt Franciscus.[180]

Wahrlich keinen passenderen Schmuck hätten die Dominikaner für das Eintrittsportal des Münsters zu Freiburg wählen können. Was überhaupt hier von ihnen geschaffen worden ist, ist vollkommen. Die lokale Tradition, welche das Verdienst an diesem Werke nur auf Einen, freilich den Grössten unter ihnen, beschränkt wissen wollte, hatte daher ein gutes Recht zu ihrer Behauptung, denn sie war von dem richtigen Gefühle eingegeben, dass diese Schöpfung nur dem Besten der damaligen Zeit verdankt werden könne. Sie irrte; wir mussten der Gesamtheit wiedergeben, was ihr gehört, und wir müssen darauf verzichten, die Namen aller derer angeben zu können, welche hier mitgearbeitet haben. Aber dieser Verzicht fällt uns leicht, denn dadurch wächst das Werk der Dominikaner, gleichsam von allem Persönlichen befreit, über die einseitige Beschränktheit des Individuums hinaus und schwingt sich zum idealen Ausdruck einer grossen geistigen Gemeinsamkeit auf. Das erhabene Zeugnis und der beredte Verkündiger einer Weltauffassung, welche in lange vergangenen Zeiten die Geister beherrscht hat, — so ragt der Freiburger Cyklus in fast einsamer Grösse, Ehrfurcht gebietend, in die Gegenwart herein.

Anmerkungen.

[1] Das 1896 erschienene Tafelwerk »Unser lieben Frauen Münster zu Freiburg im Breisgau«, herausgegeben vom Freiburger Münsterbauverein, bietet in 68 schönen, grossen Lichtdrucktafeln ein erschöpfendes Bild des ganzen Baues, und einen ausführlichen und dem gegenwärtigen Stande der Forschung vollkommen gerecht werdenden Führer dazu bildet dann gleichsam der umfangreiche Aufsatz über das Münster von Architekt Kempf in dem Sammelwerke »Freiburg i. Br., die Stadt und ihre Bauten«, herausgegeben vom Badischen Architekten- und Ingenieurverein. (Freiburg i. B. 1898. p. 233—341.) Dem Skulpturencyklus der Vorhalle allein sind 18 Tafeln gewidmet, sodass wir auch über diesen in allen wesentlichen Teilen vollauf befriedigend unterrichtet werden. Wir werden im folgenden die in Bezug kommenden Tafeln des Werkes einfach durch Tafel 29 u. s. w. kennzeichnen. Für stilistische Untersuchungen geeigneter als die in diesem Werke gebotenen Abbildungen sind die, für einzelne Teile des Cyklus auch noch ausführlicheren Photographien, welche von Clare in Freiburg seiner Zeit in mustergiltiger Weise aufgenommen worden sind. Es wäre zu wünschen, dass für alle wichtigeren Skulpturen derartige Photographien als Vergleichungsmaterial vorlägen.

[2] Die Erklärung des Cyklus hat von jeher grosse Schwierigkeit bereitet, und eine befriedigende Lösung dieser Aufgabe ist bisher noch nicht gefunden worden (siehe Seite 51 und weiter unten Anmerkung 72 und 73). Auch in der Einzelbenennung weichen bisweilen die verschiedenen Erklärer der Skulpturen von einander ab. Wir werden daher nicht in jedem einzelnen Falle die Gründe für die von uns gegebene Deutung anführen, sondern verweisen auf unsere zusammenfassende Erklärung des ganzen Cyklus, welche, wie wir hoffen, die Richtigkeit aller unserer Einzelbezeichnungen ergeben wird. Gleichwohl wollen wir der Vollständigkeit halber vorkommenden Falles die von anderer Seite vorgeschlagenen, abweichenden Benennungen anführen.

[3] Der wërlte lôn; herausgegeben von Franz Roth, Frankfurt a. M. 1843. Vers 48—51.

[4] A. a. O. Vers 66—69.

[5] A. a. O. Vers 208—230.

⁶ So wird die Frau Welt z. B. auch von Heinrich von Meissen in ähnlicher Weise geschildert. In einem Streitgespräche zwischen der Minne und der Welt sagt nämlich die erstere zur letzteren:

Din angesiht, din schoene lobelichen stât,
diu schrift sagt dînen rücke unvruot,
von nateren, würmen ungedigen:
so hât niur din unvuogez werben êren vluht.

Die Welt antwortet darauf:

Man mac mich stroufen und mâlen swie man wil,
ich bin ein gotes garte vîn; u. s. w.

(Bibliothek d. ges. deutsch. Nat.-Litteratur, Bd. XVI, 235—242. Sprüche, 440, 5—7 und 441, 1 und 2). Siehe auch Scherer, Geschichte der deutschen Litteratur, 6. Auflage (1891) p. 79 f. Wackernagel, Haupts Zeitschrift VI, 151. Schäfer, Frau Welt, eine Allegorie des Mittelalters, Schauin's-Land, Zeitschrift des BreisgauVereins XVII. p. 58 ff.

⁷ Alle anderen Erklärungen dieser Figur sind falsch; ihre Bedeutung hat zuerst Schäfer erkannt.

⁸ Eine ganz andere Bedeutung legt Kempf (a. a. O. p. 304) dieser Figur bei, indem er sie als Verkündigungsengel (!?) zu den beiden folgenden Gestalten zieht. Ueber die Unhaltbarkeit seiner Ansicht vergleiche unsre Anmerkung 116.

⁹ Marmon (Unser lieben Frauen Münster zu Freiburg i. B. p. 23 f.) und ebenso Kempf (a. a. O. p. 304) hält diese und die folgende weibliche Figur für Zacharias und Elisabeth, »die Eltern des an dritter Stelle stehenden Johannes des Täufers«. Die anderen Erklärer sehen in dieser Gestalt gleichfalls Aaron.

¹⁰ So mit Bock, der Bildercyklus in der Freiburger Vorhalle, Freiburg 1862. p. 11. Schnaase (Geschichte der bildenden Künste im Mittelalter, IV² (1871). p. 292), und andre sehen in dieser Gestalt Maria Jakobi.

¹¹ An eine Umstellung der Gestalten gelegentlich einer Erneuerung zu denken, legt noch der Umstand nahe, dass die Sarah einen ergänzten Kopf hat. Auch Schnaase (a. a. O. p. 292) äussert seine Verwunderung über die unchronologische Aufeinanderfolge der Gestalten; ebenso Bock, a. a. O. p. 11.

¹² A a. O. p. 50. Er ist übrigens der Einzige, welcher auf den Inhalt der Sockelreliefs eingeht.

¹³ Die Unterscheidung der Könige nach ihrem Alter findet sich bereits seit dem 12. Jahrhundert. Da sie aber nach keinem feststehenden Kanon geübt wurde, ist es müssig, daraufhin die Freiburger Statuen im einzelnen benennen zu wollen.

¹⁴ Die Engelgestalt ist ergänzt; Bock giebt an, dass in der Halle keine Figur vorhanden sei und substituiert für sie den greisen Simeon. Wir halten uns bei unserer Erklärung an den heutigen Zustand.

¹⁵ Bock (a. a. O. p. 14) nennt die Gestalt unter der Madonna Ezechiel, »welchem im Gesichte die auf Maria gedeutete, verschlossene Pforte des Tempels gezeigt wurde, durch welche nur der Herr einging«. Auch an Joseph hat man gedacht (Paul Weber, Geistliches Schauspiel und kirchliche Kunst, in ihrem Verhältnis erläutert an einer Ikonographie der Kirche und Synagoge, p. 96). Die richtige Deutung finde ich zuerst und einzig bei Kraus gegeben (Geschichte der christlichen Kunst II, 1. Abteilung. Mittelalter. p. 280 und 366).

Dass die linke (nördliche) Seite der Guirlande des Thürpfeilers «einer Palmenart» entlehnt sei, wie Bock (a. a. O. p. 14) angiebt, ist unrichtig. Laut freundlicher Mitteilung des Herrn Obergärtners Schütze in Breslau giebt es wohl Palmenarten, deren Blätter eine ähnliche lanzettförmige Bildung zeigen, wie hier in der Guirlande, aber diese Exemplare sind ausschliesslich in Westindien (!) heimisch und können somit nicht gut bereits einem mittelalterlichen Steinmetzen bekannt gewesen sein. Die Blattform der Ranke ist vielmehr dem Akanthus entlehnt. Für die andere Seite der Guirlande ist das Blatt der Rose vorbildlich gewesen. Die Wahl dieser mag durch die in der mittelalterlichen Litteratur häufig wiederkehrenden Bezeichnungen Marias als Rosengarten, Rosenanger, Rosenthal, Rosenkranz, Rosenzweig, Himmelsrose, Rose von Jericho u. s. w. bestimmt worden sein. (Siehe Einleitung zur «Goldenen Schmiede» Konrads von Würzburg, herausgegeben von Wilhelm Grimm 1840, p. 42.) An die von Bock (a. a. O. p. 14) herangezogene Stelle aus dem Ecclesiasticus zu denken ist nicht nötig.

[16] Bock (a. a. O. p. 13) sieht unter Trennung der Gruppe in Maria: «Anna, die Prophetin, welche am Tage der Reinigung denen, die zu Jerusalem auf die Erlösung warteten, die Verwirklichung ihrer Hoffnungen verkündigte.» (Luk. I.) Dieser Deutung können wir nicht beistimmen. Abgesehen davon, dass schon die jugendliche Erscheinung der Gestalt sich schlecht mit der Vorstellung der Prophetin Anna verbinden lässt, ist es etwas durchaus nicht Ungewöhnliches, die Scene der Verkündigung unter Auflösung der Gruppe in dieser Weise darzustellen: man vergleiche das Nordportal von Chartres und das Westportal von Reims. Auch ergiebt die Nebenordnung der unmittelbar folgenden Heimsuchung deutlich, dass hier die Verkündigung dargestellt ist.

[17] Die citierte Stelle aus Schäfer, Das alte Freiburg, p. 35. Vergleiche auch Julius von Schlosser, Beiträge zur Kunstgeschichte aus den Schriftquellen des frühen Mittelalters. Wiener S. B. 1891, p. 134f.

[18] Jul. v. Schlosser. a. a. O. p. 132. Ja sogar bei Martianus Capella (339—439?) wird sie bereits erwähnt, wenn auch nicht ausführlich behandelt. Siehe Ebert, Allgemeine Geschichte der Litteratur des Mittelalters im Abendlande bis zum Beginn des 11. Jahrhunderts, Bd. I, p. 483 ff.

[19] Das Mittelalter entnahm die Kenntnis der sieben freien Künste den Schriften des Martianus Capella (Hochzeit der Philologie und des Merkur) und des Isidor von Sevilla. Die Reihenfolge, in der sie bei ersterem erscheinen (Grammatik, Dialektik, Rhetorik, Geometrie, Arithmetik, Astronomie, Harmonie (Musik) wird meist, aber nicht immer beibehalten. In Freiburg entsprechen ihr nur — die Richtigkeit unsrer Benennungen vorausgesetzt — die ersten vier Wissenschaften. Interessant ist, dass sowohl bei Capella wie bei Isidor die Grammatik an erster Stelle steht; letzterer nennt sie orgio et fundamentum liberarum litterarum. Späterhin sehen wir die Sapientia ihren Platz einnehmen. Jul. v. Schlosser, a. a. O. p. 133 ff.

[20] So nach Bock, a. a. O. p. 18.

[21] Zwar ist der Engel durch kein besonderes Attribut als hl. Michael gekennzeichnet; da dieser jedoch fast durchgängig in den mittelalterlichen Darstellungen des Jüngsten Gerichtes an dieser Stelle und als Seelenwäger erscheint, dürfen wir ihn wohl mit Recht auch hier in der entsprechenden Gestalt vermuten. Ebenso Bock, a. a. O. p. 16.

[22] Noch fraglicher scheint uns, ob hierdurch wirklich die I. Kor.

XV, 5o ff stehende Belehrung angedeutet werden soll, wie Bock (a. a. O. p. 19) annimmt. Die Frage nach der Bekleidung der Auferstandenen wird in der mittelalterlichen Litteratur verschieden beantwortet. Sicardus spricht sich in seinem Mitralis für ihre Bekleidung aus, Beleth (explicatio divinorum officiorum) und Durandus (rationale divinorum officiorum) lassen diesen Punkt unentschieden. (Ficker, Der Mitralis des Sicardus, (1887). Beiträge zur Kunstgeschichte N. F. IX, p. 26 f.) Auch für die Wiedergabe der Auferstehenden durch die bildende Kunst lassen sich keine festen Regeln, die als bindend erachtet worden wären, aufstellen.

[15] Schreiber in seiner Münsterbeschreibung (1820) erwähnt, dass nach einer alten Sage in dieser Gestalt das Wahrzeichen der Stadt Freiburg zu erkennen sei, «wo selbst der Teufel den Herrn anbete». Diese Deutung entbehrt natürlich jeder Wahrscheinlichkeit, zumal der Teufel nicht in betender Haltung dargestellt ist. Wir haben in dieser Ueberlieferung nur einen Niederschlag der Bewunderung und Aufmerksamkeit zu erkennen, welche diese, allerdings sehr drastisch aufgefasste und gut durchgeführte Gestalt seit früher Zeit auf sich gelenkt hat.

Die beiden Figuren, welche Bock als Vertreter des «christlichen Priestertums» und als «Symbol des Götzendienstes» erklärt (a. a. O. p. 20), habe ich nicht zu entdecken vermocht; der damalige Zustand der Skulpturen mag ihn getäuscht haben. Vermutlich haben wir die von ihm bezeichneten Figuren, in dem eben erwähnten Teufel und dem Engel, welcher mit einem Leuchter an das Lager Marias herantritt, wiederzuerkennen.

[24] Bock, a. a. O. p. 19.

[25] Bock (a. a. O. p. 21) erinnert «an die poetische Ueberlieferung, welcher zufolge dasselbe aus dem im Paradiese gepflanzten Baume des Lebens gehauen wurde», während Marmon (a. a. O. p. 42) bemerkt: «Der dürre Baum ist eine Anspielung auf Jesaias 11, 1, wo es nach dem Hebräischen heisst: Der Messias komme aus einem abgehauenen Stamme, dessen Wurzelstock aber im Boden geblieben, aus welchem ein neuer Spross hervorgehen werde. Es ist damit die Familie David gemeint, die zur Zeit, als der Erlöser erschien, in tiefster Erniedrigung lebte.» Im Allgemeinen ist zu bemerken, dass, wenn das Kreuz als Palmenstamm gebildet ist, dies für ein Symbol der Lebenserneuerung gilt. Es lassen sich also verschiedene Gründe anführen, welche die Wahl eines Baumstammes für die Kreuzbildung veranlasst haben können; mit Sicherheit die in unserem Falle vorliegende Veranlassung anzugeben, sind wir natürlich ausser Stande, zumal die hiesige Kreuzbildung durchaus nicht vereinzelt dasteht.

[26] Bock (a. a. O. 21) bemerkt noch, «dass von der Andacht des Mittelalters Maria selbst als das Nest des himmlischen Pelikans gefeiert wurde». Vergleiche auch Konrad von Würzburg, Goldene Schmiede, Vers 470 ff. Diese Beziehung ist nicht unwahrscheinlich, grade in unsrem Cyklus, der wie wir noch sehen werden, «wo nur thunlich, die Verehrung der hl. Jungfrau nicht unberücksichtigt lässt».

[27] Bock (a. a. O. p. 22 f.) sieht in diesem Konstantin den Grossen und in der Frau daneben seine Mutter Helena; denn nach der Legende entdeckte diese nicht nur die Stätte, an der das Kreuz errichtet war, sondern auch die Inschrift, welche es getragen hatte. Wer ist dann aber der König, zu dem Joch ganz offenbar die als Helena gedeutete Königin gehört, welche also nicht zu dem sogenannten Konstantin zu ziehen ist!? Bocks Deutung erscheint uns ebenso wie

die anderen umfangreichen Ausführungen, die er weiter daran knüpft, sehr anfechtbar.

[28] Bock (a. a. O. p. 24) sieht darin eine Andeutung des Paradieses (!). Genau dieselbe Verwendung haben ebenfalls zwei Sträucher auf der Darstellung der Grablegung Marias auf dem Tympanon des nördlichen Portals der Westfassade von Notre-Dame in Paris gefunden.

[29] Bock vermutet (a. a. O. p. 24) ausserdem noch in dem letzten Apostel auf der rechten Seite Thomas. Die übrigen Gestalten haben fast durchweg ihr übliches gemeinsames Attribut in der Gestalt eines Buches. Es kam eben der mittelalterlichen Kunst «mehr darauf an, die Schar der Apostel im ganzen, als sie einzeln darzustellen». (Schnaase, Geschichte der bildenden Künste. IV[2] (1871), p. 287.)

[30] Der Ansicht Bocks (a. a. O. p. 29), die Rauchfässer bedeuteten das von den Engeln zum Himmel getragene Menschengebet, die Kronen aber den vom Himmel durch sie den Menschen herabgebrachten «endlichen Lohn der dem Herrn bewährten Treue (Apok. II, 10)», können wir nicht beistimmen. Denn die einen wie die anderen gehören zu den beliebtesten und gewöhnlichsten Attributen der Engel. (Schnaase, a. a. O. p. 288.)

[31] Denn «sie wird in dem Verhältnis zu den himmlischen Boten gedacht, welches nach den Anschauungen der damaligen Wissenschaft zwischen der Sonne und den übrigen Gestirnen obwalten sollte. Die Sonne dachte man sich nämlich als das Centrum der Sternenwelt, den Quell alles Lichtes und aller Wärme». (Bock, a. a. O. p. 29.) Marmon bemerkt (a. a. O. p. 44): «In der Spitze des Bogens ist noch eine Figur, welche die Sonne hält, wohl ein Sinnbild des ewigen Lichtes.»

[32] Wilhelm Grimm, Einleitung zur «Goldenen Schmiede», p. XXIV.

[33] Bocks Versuch, (a. a. O. p. 30 f.) sie im einzelnen zu benennen, kann bei dem zweifelhaften Charakter der Inschriften (siehe 2. Kapitel) zu keinem sicheren Resultate führen.

[34] Goldene Schmiede, herausgegeben von W. Grimm, Berlin 1840. Vers 1616—1631. Siehe auch ebenda Einleitung, p. II.

[35] Vergleiche Didron, Iconographie chrétienne. Histoire de Dieu. Paris 1843, p. 455 ff und 483.

[36] Bock und Schnaase geben auf Grund der Zeichnung (?) die gleiche Deutung.

[37] Bock (a. a. O. p. 32/34) nennt den König über David: Salomo, weil er ein Buch und ein Gefäss in den Händen halte; diese Attribute habe ich bei keiner der dargestellten Figuren entdecken können. Auf Grund des Stammregisters Christi bei Matthaeus und Lukas vermutet er dann weiterhin in den folgenden Gestalten: Roboam, Abias, Asa, Josaphat, Joram, Azias, Joathan, Ezechias, Manasses, Amon, Josias; schliesslich wie er ausführlich begründet: Jenochias und Zorobabel. Die grosse Gelehrsamkeit, welche dieser Nachweis sowohl wie die Vermutung der absichtlichen Betonung des Königtums Christi, die er hierin und auch in den einzelnen Darstellungen des Tympanon ausgesprochen findet, zu ihrer Durchführung erfordert, erscheint uns nicht ganz gerechtfertigt, wie auch im allgemeinen seine Deutungsversuche zu weitgehend sind. Man vergleiche die viel einfachere Erklärung, welche wir weiter unten geben. Dass kaum die Absicht vorlag, einzelne, bestimmte Persönlichkeiten darzustellen, erhellt zur Genüge daraus, dass man fast alle Figuren durchgehends ganz uniform ge-

halten und selbst auf das allereinfachste Unterscheidungsmittel: Die Beifügung von erklärenden Namensaufschriften verzichtet hat.

[38] Bock, a. a. O. p. 35.

[39] Diese Gestalt könnte ihrer äusseren Erscheinung nach ebensogut Christus sein; dem Sinne nach passt aber Gott Vater besser. Er wird vom Sohn erst später durch eine entsprechende Altersdifferenz in der Darstellung unterschieden.

[40] Ihr Verlust ist kein grosser Schaden, wenigstens nach dem Urteile zu schliessen, welches Schreiber in seiner Münsterbeschreibung von 1820 über sie fällt; auch damals hatten sie freilich schon stark gelitten.

[41] Schreiber, Das Münster zu Freiburg, 1826 (Denkmale der deutschen Baukunst des Mittelalters am Oberrhein) p. 36.

[42] Viollet-le-Duc, Dict. de l'Arch. tom. II, p. 9/10.

[43] Näheres über die Art und Weise der letzten Restauration siehe Freiburger Katholisches Kirchenblatt. Jahrgang 34 p. 3 ff. und 247 ff. Den Hinweis auf diesen Artikel verdanke ich der Güte des Herrn Architekten Kempf; der Verfasser desselben, Herr Redakteur Meister, hatte die Liebenswürdigkeit, mir das betreffende Exemplar des Kirchenblattes, welches auf der Stadtbibliothek fehlt, zur Einsichtnahme zur Verfügung zu stellen.

[44] Einige belanglose Notizen über Ausgaben, welche Arbeiten in der Vorhalle betreffen, sind aus den Rechnungen des Münsterwerkes in dem citierten Aufsatze des Kirchenblattes abgedruckt.

[45] Daraufhin spricht Kempf (a. a. O. 261) die Vermutung aus, dass das Gewölbe einmal verletzt worden sei. Hiergegen scheint uns zu sprechen, dass die Rippenanfänger als Abschluss kleine Figuren trugen, wie uns eine Abbildung des alten Zustandes auf einem kleinen Stahlstiche von L. Hoffmeister zeigt. Einen Abdruck desselben fanden wir übrigens nebenbei bemerkt nur in einem Exemplar der Sonderausgabe des Bock'schen Aufsatzes.

[46] Aufschluss über Erneuerungen, die seit 1826 vorgenommen worden sind, geben die freilich nicht allzu genauen Zeichnungen der Schreiberschen Publikation des Münsters in den »Denkmalen deutscher Baukunst am Oberrhein«.

[47] Schreiber, die Minnesänger an den Fürstenhöfen im Breisgau, Sonderabdruck aus dem Freiburger Adresskalender für 1862. p. 8 f. Berthold lebte zur Zeit des letzten Zähringischen Herzogs, Berthold V. (1197—1218). Der Alexanderroman war eine damals fusserst beliebte Lektüre; ihm wurden oft Vorwürfe für plastische Darstellungen entnommen; so am Baseler und den romanischen Teilen des Freiburger Münsters. Vergleiche Sch:fer, Die älteste Bauperiode des Münsters zu Freiburg im Breisgau. 1894. p. 21 f. — Adolph Goldschmidt bemerkt in Bezug auf das XII. Jahrhundert: »In Weinreben oder anderen Ranken bietet die mittelalterliche Kirchenskulptur ausser den Vögeln vielfach **nackte oder bekleidete menschliche Gestalten**, die in den Windungen der Zweige stehen oder klettern. . . . . . Wie die Vögel in den Zweigen . . . ein Bild der Seele des Gerechten sind, bedeuten die menschlichen Gestalten darin das Wiederaufblühen des Fleisches, die Errettung vom Tode, gleichbedeutend mit der Errettung vom Bösen«. (Der Albanipsalter in Hildesheim und seine Beziehung zur symbolischen Kirchenskulptur des XII Jahrhunderts. p. 63 f.) So gut diese Deutung auch auf die Gestalten der Kreuzblumen in Freiburg zutreffen würde (vergleiche 4. Kapitel), so zweifeln wir doch auf Grund der von Goldschmidt angeführten Beispiele, ob wir die Freiburger Skulpturen gleich-

falls hierher beziehen dürfen oder ob wir in ihnen nicht lieber nur ein einfach dekoratives Element des Cyklus zu erkennen haben.

⁴⁸ Nur als Frage möchten wir die Vermutung aussprechen, ob es nicht vielleicht gestattet ist, hier an einen Einfluss von gewebten Stoffen zu denken, wie Springer einen solchen auf dekorative Skulpturen des Mittelalters nachgewiesen hat. (Ikonographische Studien in den Mittlgn. d. k. k. Central-Commission V (1860), p. 67 ff.) — Aehnliche liegende Frauen- und andre menschliche Gestalten wie hier kommen in gleichzeitigen Wandmalereien öfters vor. In Freiburg freilich scheint der ausführende Steinmetz mit seiner Darstellung mitunter eine ganz bestimmte Absicht und zwar frivolen Charakters verfolgt zu haben.

⁴⁹ Diese Gruppe scheint übrigens früh in der Darstellung des Jüngsten Gerichtes aufzutauchen; beispielsweise finden wir sie schon bei der Herrad von Landsperg.

⁵⁰ Dass dadurch diese Gestalten als Schlemmer charakterisiert werden sollen, wie von beachtenswerter Seite vermutet wird, ist nicht ausgemacht aber wohl möglich. Eine Beeinflussung durch antike Masken scheint uns dagegen hier ausgeschlossen.

⁵¹ Wir haben die attische Kunst, speciell die schönen, reich bemalten Frauenstatuen im Auge, welche bei den letzten Aufräumungsarbeiten auf der Akropolis von Athen aus dem Perserschutt ans Tageslicht gekommen und demnach vor 480 anzusetzen sind.

⁵² Der Jonas und die Gestalt mit den beiden Schwertern an der Spitze der Königarchivolte: ihre weniger feine, etwas rohe Ausführung legt es — besonders in letzterem Falle — nahe, an spätere Ergänzungen zu denken.

⁵³ Sie fallen in die achtziger, die Freiburger Figuren, wie wir sehen werden, in die siebziger Jahre des XIII. Jahrhunderts. Weese, Die Bamberger Domskulpturen. Studien zur deutschen Kunstgeschichte X, p. 125.

⁵⁴ So hält denn auch diese Statue in Bezug auf anatomisches Können keineswegs den Vergleich mit den Bamberger Figuren von Adam und Eva aus. Von einem Studium nach dem Modell wie dort ist hier durchaus nichts zu spüren. (Vergleiche Weese, a. a. O. p. 111—113). Das mangelhafte anatomische Verständnis der Freiburger Steinmetzen verrät sich stellenweise auch bei den andern, grossen Gestalten der Vorhalle. Charakteristisch dafür ist die ungeschickte Weise, in welcher bei den Frauen die Brust unter dem Gewande angegeben ist. Freilich gleichen die Freiburger Skulpturen darin eben nur den meisten gleichzeitigen Schöpfungen der mittelalterlichen Plastik.

⁵⁵ Schnaase, Geschichte der bildenden Künste, V⁸ (1872), 592.

⁵⁶ »Die Arbeit ist fast ohne Formensinn und in sehr roher Weise ausgeführt«, das ist die Ansicht, zu welcher sich Förster nach wiederholter Prüfung der Skulpturen bekehrt. (Denkmale deutscher Baukunst, Bildnerei und Malerei. I. Abteilung, II, p. 54). Der damalige Zustand der Statuen hat wohl diese ungünstige Meinung mit verschuldet. Das treffendste Urteil über den künstlerischen Wert und Charakter des Cyklus hat bisher Bode gefällt. (Geschichte der deutschen Plastik, p. 77 ff.) Ausführlicher haben der Skulpturen dann noch Lübke (Geschichte der Plastik II, p. 485 f.) und Schäfer (Das alte Freiburg) gedacht. Die sonstigen Erwähnungen derselben in der kunstgeschichtlichen Litteratur können wir getrost übergehen. Hervorheben wollen wir nur noch das Urteil Adlers (Deutsche Bauzeitung 1881, p. 529), der auch »sehr verschiedene Stufen der Begabung und Ausbildung« wahrnimmt, ebenso aber »im ganzen nur eine Sinnesweise für die

künstlerische Auffassung und Behandlung der gegebenen **Vorwürfe** als massgebend anerkennt. — Der stilistische Charakter und **Zusammenhang** der einzelnen Teile des Werkes ist bisher noch nicht untersucht und festgestellt worden, dagegen ist die grosse **Selbständigkeit, welche sich die Plastik in Freiburg gegenüber der Architektur bewahrt hat,** wenigstens teilweise bereits bei Bode zur Sprache gekommen. Wir werden in einem weiteren Kapitel sehen, von wie grosser Wichtigkeit diese Eigenschaft der Freiburger Skulpturen ist.

[57] Geschichte und Beschreibung des Münsters zu Freiburg im Breisgau. 1820.

[58] Unser lieben Frauen Münster zu Freiburg im Breisgau, 1878. — Die verschiedenen, grösseren und kleineren Führer durch das Münster, die seit Anfang des 19. Jahrhunderts von Zeit zu Zeit erschienen, richten sich lediglich nach dem jeweiligen Stande der Forschungen und können demnach unberücksichtigt bleiben.

[59] Deutsche Bauzeitung 1881, 477 ff. Nächst der gleich zu erwähnenden Abhandlung Schäfers das Beste, besonders in technischer Hinsicht, was bisher über das Münster geschrieben worden ist. Die Urkunden, welche Adler sonst noch zur Unterstützung seiner Datierung heranzieht, haben sich sämtlich als nicht geeignet erwiesen. Eine Widerlegung seiner Erwin-Hypothese und seiner Zeitbestimmungen für die frühesten Teile des Münsters bei Schäfer.

[60] Die älteste Bauperiode u. s. w. Freiburg im Breisgau 1894, p. 34.

[61] Schau-ins-Land; Zeitschrift des Breisgauvereins XXI, 42 ff.

[62] Münsterarchiv. Abgedruckt bei Schreiber, II. Lieferung der Denkmale deutscher Baukunst des Mittelalters am Oberrhein. 1826. Beilage 4.

[63] Einleitung zum Publikationswerk des Münsterbauvereins (Anmerkung 1). Ihnen gesellt sich jetzt Kempf zu (a. a. O. p. 254 f).

[64] Schäfer, a. a. O. p. 36.

[65] Die beste Stadtgeschichte von Freiburg ist immer noch die von Schreiber (1857); die zweibändige von Bader (1883) enthält weder neue Gesichtspunkte noch verwertet sie neues Material. Eine dem Stande der modernen, kritischen Forschung angemessene Geschichte der Stadt fehlt und ist dringend wünschenswert. Das grösste Verdienst hat sich Schreiber mit der Herausgabe des Urkundenbuches der Stadt (1828/29) erworben.

[66] Dambacher, Urkunden zur Geschichte der Grafen von Freiburg im XIII und XIV. Jahrhundert in Mones Zeitschrift für Geschichte des Oberrheins IX, p. 340 f.

[67] Gerade in diese Zeit aber glaubten wir den Anfang des Turmbaues verlegen zu müssen. Halten wir noch dazu, dass in demselben Jahre 1255, wie oben erwähnt, Konrad's Sohn Priester am Münster wird, so sehen wir uns sehr versucht, dieses gleiche Jahr als vermutlichen Termin für den Beginn der Turmaufführung zu fixieren.

[68] Mitgeteilt von Aloys Schulte aus den von Elie Berger herausgegebenen Registres d'Innocent IV bei Mone, a. a. O. N. F. (1886) Bd. I, p. 115 f.

[69] Kleine Schriften, Bd. II, 623 f.

[70] Geschichte der deutschen Kunst, I. Teil, p. 176 und in seinen Denkmalen deutscher Baukunst a. a. O.

[71] Geschichte der bildenden Künste, IV¹, p. 291—295.

[72] Seine Bemerkungen sind entschieden das Geistvollste, was bisher über den Freiburger Cyklus gesagt ist. Eine eingehende Widerlegung derselben, soweit sie uns nicht zutreffend erscheinen, ersparen

wir uns unter Hinweis auf die von uns im Texte gegebene Erklärung der Skulpturen. Ausserdem hat sich schon Bock (a. a. O. p. 38—41) in ausführlicher Weise gegen seine Deutung ausgesprochen.

[13] Der umfangreichen und in vielen Punkten sehr verdienstvollen Arbeit Bocks scheint merkwürdiger Weise in Fachkreisen nicht die Beachtung geschenkt worden zu sein, die sie wohl verdient hat. Zunächst in Aufsatzform in den christlichen Kunstblättern erschienen, ist sie dann noch einmal, um einen Nachtrag bereichert, in einem Sonderabdruck 1862 zu Freiburg im Breisgau vom Verfasser herausgegeben worden. Dieser letztere ist heutzutage leider gänzlich vergriffen. Da in der Kunstlitteratur bisher nirgends zu dieser Schrift Stellung genommen worden ist, sei es uns gestattet, etwas ausführlicher auf sie einzugehen. —

Die ganze Arbeit leidet, wie uns wenigstens scheint, an einem Fehler: Bock erklärt weniger den Inhalt und konkreten Zusammenhang der Darstellungen als ihren Zweck! Ein Beispiel genüge; seine Ansicht des ganzen Cyklus ist kurz gefasst diese: «Was der Bilderschmuck der Vorhalle dem Eintretenden zu verkündigen hat, ist schon durch den selbstverständlichen Zweck, dem diese Anlage dienen soll, vorgeschrieben. Innerhalb dieses Raumes soll der Gläubige sich sammeln, sich vorbereiten zu dem ernsten Geschäfte, um dessentwillen er die Schwelle des Gotteshauses überschreiten will. Bevor er eintritt, muss er seinen Verstand befähigt haben, die Wahrheiten zu erfahren, die dort ihm offenbart werden; sein Herz und sein Leben müssen gereinigt sein, damit er der Gnaden würdig sei, die dort ihm gespendet werden sollen. Mittels der wechselvollen, anziehenden Folge der Darstellungen, welche an den umlautenden Wänden angebracht sind, werden dem Beschauer die Bedingungen gestellt, denen er sich unterziehen muss, um aller Segnungen der göttlichen Heilsanstalt auf Erden teilhaftig werden zu können. Dann aber belehrt ihn die am Giebelfelde über der Kirchenthür erhöhte Darstellung über die unabweisbare Notwendigkeit, auf der Bahn des christlichen Ringens und Strebens aus der Nacht zum Lichte, aus der Trübsal zur Herrlichkeit fortzuschreiten, und zeigt ihm den «überschwänglichen» Lohn (sic!), der in der Ewigkeit dem christlichen Sieger vorbehalten ist.» (Bock, a. a. O. p. 5 f.) In dieser Weise werden alle Einzelheiten des Werkes durchgesprochen. Wir sehen sofort, «die ethische Belehrung» erscheint ihm als «der vorwiegende Zweck» des ganzen Cyklus. Infolgedessen übersieht er vollständig, dass die einzelnen Figuren zunächst doch etwas Reales und zum Teil gewisse historische Persönlichkeiten vorstellen und nicht nur Allegorien, Symbole oder zu Stein gewordene Lehrsätze repräsentieren! Dass dem Cyklus ein belehrender Charakter innewohnt, ist gar nicht zu leugnen, und wir selbst werden uns genötigt sehen, mehrfach darauf hinzuweisen. Aber Bock geht in der Betonung desselben entschieden zu weit: stets findet er in den Bildwerken nur eine tiefe symbolische Bedeutung ausgesprochen. Unserer Ansicht nach hat eine richtige Erklärung in erster Linie nicht auf das Dogmatische sondern mehr auf das Geschichtliche in diesen Darstellungen Bezug zu nehmen und ihre Aufmerksamkeit mehr auf das zu richten, was sie zunächst wirklich «erzählen». So kommt es, dass man durch die Deutung Bocks absolut kein klares Bild von dem Inhalte des Cyklus erhält. Wir selbst gestehen, von der Lektüre des Aufsatzes stets nur eine unklare Empfindung zurückbehalten zu haben. Die einzelnen Figuren und Scenen werden nacheinander auf ihre Bedeutung im Einzelnen hin besprochen, ihre Beziehung unter einander wird aber kaum nachgewiesen. Nur allgemein werden, wie an der oben angeführten Stelle einige gemeinsame Axiome und Regeln aus ihnen abgeleitet. Dankbar wollen wir anerkennen, dass die Arbeit an trefflichen Einzelbemerkungen reich ist, und wir manche Belehrung aus ihr geschöpft haben. Aber in das Reich der Abstraktionen, welche Bock aus den einzelnen Teilen des Cyklus zieht, vermögen wir ihm nicht zu folgen. Denn einmal war in der damaligen Zeit die Religion noch nicht zu einer Sache moralisierender Reflexion wie bei uns modernen Menschen geworden, und dann standen die Heiligen der Kirche, von denen man Franciscus noch vor kurzem hatte umherwandeln und Wunder thun sehen, dem Bewusstsein des 13. Jahrhunderts in ganz anderer Weise menschlich näher. Hierdurch gewannen aber auch die anderen Himmelserscheinungen einen realeren Inhalt, und der Besucher des Münsters wird bei dem Betreten der Vorhalle mehr den Eindruck gehabt haben, sich in einem Kreise ihm wohlbekannter Gestalten zu befinden, als in einer Versammlung von Figuren, deren Zweck es sei »auf die unerlässliche Propaedeutik zum christlichen Leben hinzuweisen«. (Bock a. a. O. p. 11.)

[74] Vergleiche die vortrefflichen Bemerkungen Springers über die Deutung mittelalterlicher Werke in den Mittlgn. der k. k. Central-Commission V (1860), p. 31. Auch an das schöne Wort Schnaases über den Charakter der Schöpfungen der mittelalterlichen Meister sei hier erinnert: «Sie sind nur das Abbild einer vergangenen Zeit, aber das verklärte, von den Zufälligkeiten der Geschichte gereinigte Abbild einer bedeutenden, im Entwicklungsgange des menschlichen Geschlechtes hochwichtigen Zeit.» — Eine Kulturgeschichte des äusserst interessanten, vielseitig bewegten XIII. Jahrhunderts fehlt leider in der Litteratur. Am besten sind immer noch die allgemeinen Bemerkungen Schnaases im vierten und fünften Bande seiner Geschichte der bildenden Künste; besonders in der historischen Einleitung des letzteren entwirft er eine glänzende Charakteristik der in Rede stehenden Zeit. Auch Scherers Geschichte der deutschen Litteratur wird man mit Nutzen lesen.

[75] Vergleiche Sighart, Albertus Magnus. Regensburg 1857. Dem Aufsatze von Hertling's in den historisch-politischen Blättern 1874 konnte seines geringen Umfanges wegen nichts für unsern Zweck entnommen werden.

[76] Freiburger Diöcesan-Archiv XIII, 208 und Berichtigung in XV. Poinsignon, das Dominikaner- oder Predigerkloster zu Freiburg im Breisgau. Sonderabdruck aus dem Diöcesan-Archiv XVI.

[77] 1262 legte Albertus Magnus die seit 1260 bekleidete Bischofwürde von Regensburg nieder. Gleichzeitig übernahm er es, trotz seines hohen Alters für den Kreuzzug zu predigen. Demgemäss zog er im Lande umher, und seine Aufenthaltsorte in den nächsten zwei Jahren sind ungewiss; 1264 geht er nach Würzburg, wo er bis zum Jahre 1268 bleibt. Als Städte, in denen er sich in den beiden Wanderjahren aufgehalten hat, werden Polling und Würzburg, sodann Regensburg, Salzburg und St. Blasien genannt. Ihnen gesellt sich also nun Freiburg zu.

[78] Diöc.-Arch. a. a. O. Im Jahre 1268 brach Albertus (siehe Anmerkung 77) von Würzburg wieder auf und zog am Oberrhein entlang nach Köln, um dort in den von neuem ausgebrochenen Streitigkeiten zwischen dem Bischof, Konrad von Hochstaden, und der Bürgerschaft den Schiedsrichter zu machen (1269). Auf dieser Reise muss er also die Freiburger Weihung vollzogen haben.

[79] Nur noch die Möglichkeit ist gegeben, dass Albertus auf seiner

— 85 —

…Rom, wo er im Streit mit der Pariser Universität gesiegt …t des magister palatii erhalten hatte, also in den Jahren …übergehend in Freiburg geweilt hat. Doch sind uns die …elche er genommen hat, unbekannt; sein Biograph Rudolph …mwegen weiss nur zu erzählen, wie er von Stadt zu Stadt ge…. 1257 wird Albertus schon wieder zu Erfurt erwähnt, sein Aufenthalt in Freiburg könnte also überhaupt nur ein so kurzer gewesen sein, dass irgend eine Beteiligung an dem Münsterbau während der Dauer desselben so gut wie ausgeschlossen wäre.

[80] Statue und Kopf nach Zeichnungen von Geiges abgebildet in Schau-ins-Land XII, 67; für Stiluntersuchungen ungenügend.

[81] In unserm Sinne hat sich auch Poinsignon (a. a. O.) ausgesprochen. Dass hier kein Portrait vorliegt, geht unzweifelhaft aus dem Umstande hervor, dass ganz der gleiche Typus, wie ihn diese Figur zeigt, noch bei mehreren andern Statuen des Turmes wiederkehrt.

[82] «Sein nahes Verhältnis zur Architektur wird man nicht in Abrede stellen können». (Kraus, Gesch. der christlichen Kunst II, 1, 167 f.) Sighart dagegen leugnet jegliche Thätigkeit Alberti auf diesem Gebiete.

[83] Sighart, a. a. O. p. 68 f.
[84] Bock, a. a. O. p. 21 f.
[85] Sighart a. a. O. p. 141.
[86] A. a. O. p. 32 f.
[87] A. a. O. p. 529. «Ob das Programm zu dem ganzen Bildercyklus auf einen oder auf mehrere geistliche Urheber zurückzuführen ist, mag vorläufig dahingestellt bleiben. Aus einer sehr merkwürdigen Statuettenkomposition unter der Figur der hl. Katharina glaube ich die Vermutung herleiten zu dürfen, dass das Programm von einem Dominikaner, entweder von Albertus Magnus selbst oder von einem seiner Schüler verfasst und dem Turmmeister zur successiven Ausführung übergeben worden ist».

[88] Die einzige andre Deutung, die gegeben worden ist, — und einen Zweck müssen wir doch unzweifelhaft bei der Anbringung dieser Gruppe annehmen — dass wir nämlich in den Figuren die vier Engel zu erkennen hätten, welche der Sage nach den Leichnam der heiligen Katharina «nach dem Berge Sinai hinübertrugen, wohin während des 13. Jahrhunderts unablässig zahlreiche Pilger büssend wanderten» (Bock, a. a. O. p. 8), — diese Annahme erweist sich als verfehlt; sieht man genauer zu, so findet man fünf und nicht vier Gestalten dargestellt, und ausserdem sind diese nicht als Engel, sondern, soweit erkennbar, als Mönche gekennzeichnet. Dass bei dieser Erklärung die Figur des Künstlers gar nicht beachtet wird, liesse sich eher rechtfertigen, denn man könnte ihn als Gegenstück zu der weiblichen Gestalt auffassen, welche an genau entsprechender Stelle gegenüber unter der Allegorie der Welt mit fliegendem Gewand, ein Buch in den Händen tragend, angebracht ist. Richtiger aber wird man gehen, das gerade Gegenteil anzunehmen und diese Figur vielmehr als ein aus künstlerischen Rücksichten gefordertes Gegenstück zu jener zu betrachten. Es ist das einer von den vielen kleinen Zügen, welche uns deutlich beweisen, mit welcher Sorgfalt die Verfasser der Komposition darauf bedacht gewesen sind, eine möglichst enge Geschlossenheit und Uebereinstimmung der einzelnen Teile des Cyklus unter einander herbeizuführen.

Dass die plastische Darstellung von Architekten oder sonstwie um ein Bauwerk verdienten Männern an diesem selbst nichts Aussergewöhnliches ist, beweist die bekannte Gestalt des sitzenden Baumeisters am Südportale des Münsters von St. Martin zu Kolmar, durch Beischrift als »Maistres Humbert« bezeichnet; ferner weist Emile Mâle mit grosser Wahrscheinlichkeit unter den Statuetten in den Archivolten des linken grossen Portales an der Westfassade der Kathedrale von Laon in der von Viollet-le-Duc als Malerei gedeuteten Figur den Architekten der Kirche nach. (Viollet-le-Duc. Dict. de l'Arch. tom. II, 5 mit Abbildung. Emile Mâle, Revue archéologique, 1889, p. 344 ff.) Vergleiche auch die Gestalten Sullys und Ludwigs VII am südlichen Portale der Westfassade von Notre-Dame in Paris. (Vöge, Die Anfänge des monumentalen Stiles im Mittelalter. Strassburg 1894, p. 158.)

⁸⁹ Mit der aus dem Altertum übernommenen und im Mittelalter variierten Vorstellung der Sirene (Piper, Mythologie der christlichen Kunst, I, 377—393) hat die Freiburger Gestalt sowie die gleich zu erwähnenden gleichartigen Darstellungen durchaus nichts zu thun. Nicht unwahrscheinlich ist es dagegen, dass Konrad durch jene mit zu seiner Dichtung angeregt worden ist.

⁹⁰ Kunstdenkmäler des Grossherzogtums Hessen. p. 184.

⁹¹ Rettberg, Nürnbergs Kunstleben, p. 38. Die sonderbaren Deutungen, welche hier gegeben werden, sind natürlich unrichtig. Im Zusammenhang hat alle diese Werke bereits Schäfer besprochen (Schauins-Land XVII, 58 ff.); doch kommt er nicht zu den gleichen Resultaten wie wir, da er bei der Betrachtung der einzelnen Gruppen von anderen Gesichtspunkten ausgeht.

⁹² Mone, Quellenschriften IV. 3. »In der Nationallitteratur sind die Arbeiten des Dominikaners Boner von Bern ebenso bekannt wie das freundschaftliche Verhältnis des Konrad von Würzburg zu den Dominikanern in Freiburg«.

⁹³ Nach einer Mitteilung von Aloys Schulte (Mones Zeitschrift N. F. I, 495 f.) steht die berühmte Stelle nicht in einem Nekrologium sondern in einem gewöhnlichen Anniversarienbuch! Bereits Grimm (Einleitung zur Goldenen Schmiede p. XI) äusserte Bedenken an der Zuverlässigkeit dieser Nachricht. Er hob mit Recht hervor, dass solch ein gemeinsamer Tod doch wohl nur zur Zeit einer Seuche gut zu verstehen sei, und führte dann die im Texte mitgeteilte Notiz der Würzburger Handschrift an.

⁹⁴ Greith, Die deutsche Mystik im Predigerorden, p. 206.

⁹⁵ Poinsignon, a. a. O. p. 10.

⁹⁶ Handschriftliche Bemerkung auf dem Vorlegeblatte des I. Bandes der gesammelten Schriften Schreibers: Exemplar der Freiburger Stadtbibliothek. Daneben von andrer Hand die Vermutung, dass sich dieser Nekrolog jetzt wohl in der Universitätsbibliothek befinden dürfte (?).

⁹⁷ Dambacher, a. a. O.

⁹⁸ So will es Scherer (Geschichte der deutschen Litteratur. 6. Auflage, 1891, der Konrad um die Mitte des 13. Jahrhunderts seine litterarische Thätigkeit beginnen lässt. Bartsch (s. Goedeke, Grundriss I², 215 ff.) sieht Weltlohn als zweitentstandenes Gedicht an.

Ganz zweifellos gehört das Werk in eine bedeutend frühere Zeit als die »Goldene Schmiede«, deren glatte Sprache, gewählte Ausdrücke und Reimgewandtheit es bei weitem nicht erreicht. Dazu kommt, dass es uns bereits in einer Handschrift aus dem Jahre 1284 erhalten ist, in welcher sich ausserdem noch Dichtungen des zwischen 1251 und 1254 gestorbenen Rudolf von Ems und des gleichzeitigen Oesterreichers Strücker finden, jedenfalls also schon geraume Zeit vor jenem Jahre entstanden sein muss. Nun fällt in die Jahre 1262—64 der letzte grosse Kreuzzugseifer: Akkon war bedroht, und es galt, die Gemüter der Christenheit noch einmal zum heiligen Kriege aufzustacheln. So zog selbst der schon greise Albertus, wie wir oben gesehen haben, zwei Jahre lang, eifrig zum Kreuzzuge predigend, durch die süddeutschen Lande. Sollte damit nicht vielleicht der Umstand in Beziehung zu setzen sein, dass Wirnt von Grävenbere nach seiner Bekehrung das Kreuz nimmt und wacker gegen die Heiden kämpft? Dazu würde auch stimmen, dass eine spätere Prosabearbeitung in einer Züricher Handschrift aus dem 14. Jahrhundert, die sich im Uebrigen genau an Konrad von Würzburg hält, von der Anteilnahme Wirnts an einem Kreuzzuge nichts weiss: «eine solche lag nicht mehr in dem Gedankenkreise der späteren Zeit». (Wackernagel, Haupts Zeitschrift VI, 154.)

[99] Dagegen könnte es nicht unmöglich sein, dass wir in der Gestalt in Zeittracht statt des Architekten der Vorhalle Konrad von Würzburg zu erkennen hätten.

[100] Poinsignon, a. a. O. p. 10.

[101] Dambacher, a. a. O., passim.

[102] Beispielsweise lag Freiburg auf dem Handelswege von Konstanz nach der Champagne, woselbst die Bürger letzterer Stadt an verschiedenen Orten (es werden Bar sur Seine, Troyes, Provins, Lagny bei Meaux an der Marne genannt) eigene Warenhäuser besassen. Der Verkehr mit ihnen muss sehr rege gewesen sein, wie uns einige Verordnungen (eine vom 16. März 1289) über den Leinwandverkauf dorthin beweisen. (Mones Zeitschrift IV, 48 ff.)

[103] Insofern hatten daher auch Forscher wie Bock vollkommen Recht, der Skulpturenreihe eine belehrende Absicht unterzulegen; nur darf man dabei nicht, wie er es gethan, die historische Seite des Cyklus über jener anderen vernachlässigen.

[104] Das vollständigste Beispiel einer encyklopädistischen Komposition bieten die beiden Kreuzschiffvorhallen der Chartrerer Kathedrale; ihr Programm weist demnach auch manche Aehnlichkeiten mit dem des Freiburger Cyklus auf — in unsern Augen nur ein Beweis für die Richtigkeit unserer Deutung desselben!

[105] Die Bemerkungen Büttners zu den Gestalten von Adam und Eva (Repertorium X, p. 435 ff.) bedürfen darnach wohl kaum einer Widerlegung; gegen sie spricht sich auch Weber aus. (Geistliches Schauspiel u. s. w. p. 96.)

[106] Wie Weber mit Recht hervorhebt, verdanken übrigens «die Engel diesen Platz einer Jahrhunderte alten Tradition» (a. a. O. p. 96, Anm. 1), und ihre Anbringung an dieser Stelle ist in unsrem Falle vielleicht weiter nichts als eine Bestätigung dessen, was Vöge in einem grösseren Kapitel über «Ikonographische Rätsel und den Anteil der Künstler an dem Inhalte der Kompositionen» ausführt. (Die Anfänge des monumentalen Stiles u. s. w. p. 163 ff.) — Bocks Ausführungen, wonach wir in den zwölf Engeln die «Lenker der zwölf Abteilungen des Kreises des gestirnten Himmels, durch welche der Lauf der Sonne sich bewegt», (a. a. O. p. 28) zu erblicken hätten, vermögen wir nicht uns anzuschliessen. Auch einen Einfluss von Dantes Dichtung (Bock, die Engelwache an dem Münsterportal zu Freiburg: Christliches Kunstblatt. Freiburg 1870 Nr. 97) werden wir gut thun, in Rücksicht auf die Entstehungszeit der Skulpturen zu leugnen; richtiger dürfte es sein, mit Kraus (Dante, 545) anzunehmen, dass im Gegenteil Dante bei der Wahl einzelner Bilder von der Anschauung plastischer Werke geleitet worden sei. Was die übrigen Analogieen anbelangt, welche Bock

zwischen der Göttlichen Komödie und dem Freiburger Cyklus aufstellt, verweise ich auf die Bemerkungen von Kraus dazu (a. a. O., 542). Interessant ist die Aehnlichkeit zwischen der von Dante (Purg. 19, 7 ff) geschilderten Sirene und der Gestalt der Freiburger Voluptas. Dass die letztere aber nicht auf die hier gegebene Beschreibung, sondern auf das Gedicht Konrads von Würzburg zurückgeht, bedarf keines Beweises, verlangt es doch auch schon die Chronologie.

Die Bedeutung der vier Gestalten an den Spitzen der Archivolten lässt sich auf Grund ihrer teilweise zweifelhaften Erhaltung nicht mit Sicherheit feststellen; jedenfalls hängen sie weniger unter sich als vielmehr mit den einzelnen Figurenreihen, innerhalb deren sie auftreten, zusammen und fallen somit nicht aus dem allgemeinen Rahmen der Komposition heraus.

Die Beziehungen, welche Schnaase (a. a. O. p. 294) zwischen den Gestalten der Archivolten und den grossen Statuen der Laibungswände aufstellt, können wir mit Bock nicht anerkennen; ebensowenig vermögen wir mit ihm zu finden, dass in der Folge der drei inneren Archivolten »augenscheinlich eine Steigerung von der irdischen Königswürde zum Prophetentum und endlich zu der anbetenden Anschauung liege«.

[107] Diese Auswahl der Scenen verrät wieder einmal deutlich die offenkundige Vorliebe des Mittelalters »auf die mehr und mehr in der ascetisch-mystischen Betrachtung des Mönchslebens in den Vordergrund tretende Passionsgeschichte einzugehen«. (Kraus, Geschichte der christlichen Kunst II, 1. p. 295.)

[108] Dem absprechenden Urteile Jessens über diese Anordnung vermögen wir nicht beizustimmen; schon aus dem Grunde nicht, weil es hier sich in erster Linie nicht um eine ausschliessliche Darstellung des Jüngsten Gerichtes handelte, sondern weil es vor allem darauf ankam, den Inhalt des Neuen Testamentes in seinen wichtigsten Thatsachen und Verkündigungen bildlich vorzuführen (S. Jessen, Die Darstellung des Weltgerichtes bis auf Michelangelo, p. 29 f.)

Auch der Erklärungen Bocks für die unmittelbare Anordnung des Zuges der Seligen und der Verdammten neben dem Kreuze bedürfen wir nicht; die letztere ist eben ganz einfach auf die Beschränktheit des zu Gebote stehenden Raumes zurückzuführen.

[109] Schnaase, a. a. O. p. 293. Nach ihm (ibid. p. 294) stellen »die kleinen Statuetten in den Bögen über der Thüre im allgemeinen die himmlische Glorie dar, welche den Heiland im Bogenfelde umgiebt«, und auch Bock sieht in Anlehnung an Bonaventura in den Gestalten der drei äusseren Archivolten bereits Verklärte und Selige und äussert sich demnach in Bezug auf das Tympanon in folgender Weise: »So feiert denn diese Darstellung den Sieg Christi über die Pforten des Todes, den Einzug der Seligen in die Pforte der Herrlichkeit«. Wir können dem nicht unbedingt beistimmen, denn wir halten es nicht nur für unnötig, sondern sogar für unrichtig, in den Gestalten der drei Gurtbogen schon Verklärte sehen zu wollen, anstatt in ihnen einfach die geschichtlichen Repräsentanten der Zeiten, welche der Erscheinung Christi und dem Jüngsten Gerichte vorausgehen, zu erkennen. Spricht doch Bock selbst von dem »grossen Epos der Erlösung, das durch die Darstellungen, die an den Gurten angebracht sind, zum harmonischen Abschlusse kommt«. Ein Epos aber verbindet mit sich den Begriff des Werdens und Geschehens und nicht den Zustand des Seins; hier also das Nötigwerden des Heiles und seine Erfüllung durch Christus und nicht das bereits erfüllte Heil, welches die Vorläufer unter seiner

Herrschaft vereinigt hat! Dass nicht die Schilderung dieses letzteren
beabsichtigt war, scheint uns schon der Umstand anzudeuten, dass
auf dem Tympanon und den Sockeln der Portalstatuen einzelne Ereignisse, wie die Scenen aus dem Leben Christi und der Apostelgeschichte, dargestellt sind, welche dem Zustande des vollendeten Heiles
vorangehen. Wir haben also, wie bereits näher ausgeführt worden ist,
in den Darstellungen des Portales die Verbildlichung der gesamten
Heilsgeschichte, wie sie notwendig wurde und sich dann allmählig vollzog, zu erblicken. —
    An einer anderen Stelle behauptet Bock (a. a. O. p. 36): «Das
Portalbild samt den Statuen der Gurten umfasst demnach, und ganz
gewiss nach der Absicht des Urhebers, die ganze geschichtliche Entwickelung des Menschengeschlechtes, der philosophischen Betrachtung
der Weltschicksale gemäss, welche der heilige Augustin durchgeführt,
und welcher das Mittelalter einhellig gehuldigt hat». Auch dieser Ansicht, welche von Bock näher ausgeführt und begründet wird, können
wir uns nicht anschliessen, sondern sehen uns genötigt, bei unserer
einfacheren Deutung zu verharren.

110 Solche Gegenüberstellungen waren im Mittelalter zu beliebt,
— man denke nur an die Biblia Pauperum! — als dass sie in unserem
Cyklus irgendwie störend auffallen könnten; zudem treffen wir die
Gestalt Johannes des Täufers noch einmal unter den Statuen der Vorhalle und auch da wieder in ganz gleicher Bedeutung an.

111 Bei Besprechung einiger französischer Portalkompositionen
aus dem XIII. Jahrhundert zu Bourges, Vraux, Germigny und Abondance, welche die Madonna teils auf dem Tympanon unter einem
Baldachin sitzend, teils am Thürpfeiler und zu beiden Seiten die Gestalten der Ekklesia und Synagoge zeigen, weist Vöge (a. a. O p. 252 f.)
auf eine Glosse hin, welche zum 9. Psalm eines illustrierten Psalters
aus dem XIII. Jahrhundert eingetragen und mit der gleichen Darstellung
versehen ist. Die Stelle lautet: «Duo sunt adventus Christi, primus in
humilitate in incarnatione qui occultus fuit synagoge id est iudeis cecis et infidelibus qui credere noluerunt, et profuit sancte ecclesie fidelibus christianis. De isto loquitur in hoc psalmo. Secundus adventus
erit in maiestate in die iudicii omnibus manifestus.» Nun in Freiburg
finden wir wirklich auf dem Tympanon auch die zweite Ankunft des
Herrn dargestellt! Nichts liegt also näher, als hier an einen direkten
Zusammenhang zwischen Schrift und Bild zu glauben, und doch werden
wir Vöge Recht geben, wenn er dazu bemerkt: «Dass unsere (französische)
Portalkomposition geradezu eine Illustration zu diesen Textworten sei,
ist damit nicht gesagt, aber unzweifelhaft ist in denselben der ihr zu
Grunde liegende Gedanke ausgesprochen, denn sonst wäre dieser Text
nicht durch die gleiche Darstellung illustriert worden.»
    Neuerdings ist von Paul Weber (Geistliches Schauspiel und
kirchliche Kunst, 95 f.) die Ueberzeugung ausgesprochen worden, dass
der Portalschmuck «eine ganz vortreffliche Wiedergabe eines vollständigen Passionsspieles im Rahmen des Streitgespräches zwischen
Kirche und Synagoge» darstelle. Er erweist, dass sich aus einer
Schrift des Pseudo Augustin, der Altercatio Ecclesiae et Synagogae,
ein dramatisiertes Streitgespräch entwickelt, und dieses dann im kirchlichen Schauspiele Aufnahme gefunden habe; und zwar dadurch, dass
es zunächst mit dem Prophetenspiele verbunden und dann mit diesem
zusammen in das geistliche Schauspiel eingedrungen sei. Indem hierin
aber die Gestalten der Ekklesia und Synagoge an die Stelle der fingierten
Personen traten, welche bisher das Schauspiel hatten aufführen lassen,

an Stelle des Augustinus und des Führers der Judenschaft, wurden sie »die Ecksäulen und Angelpunkte für die Aufführung der ganzen Heilsgeschichte von der Weltschöpfung bis zum Weltgericht« (a. a. O. 95). Weber behauptet nun, wir hätten uns die Darstellungen des Portales so zu erklären, dass die Ekklesia die ganze Heilsgeschichte aufführen lasse, um ihre Gegnerin von den Heilswahrheiten des christlichen Glaubens zu überzeugen. Und zwar findet er, dass in den Archivolten genau die dem Personenverzeichnis des Schauspieles entsprechenden Gestalten dargestellt sind. Dies ist aber zunächst nicht der Fall. Es fehlen einige Figuren ganz, die in jedem der litterarischen Denkmale als wichtig uns genannt werden, z B. Simeon, Zacharias, Elisabeth, Johannes der Täufer, vor allem aber einige sehr wichtige Erscheinungen, deren Fernbleiben schwer zu erklären wäre, sollte hier wirklich nur die Verbildlichung eines geistlichen Schauspieles gegeben und beabsichtigt sein: Virgil, Nebukadnezar und die Sibylle. Dafür findet sich andrerseits wieder eine grosse Reihe von geschichtlichen Personen, die ohne jeden Bezug zu den Zwecken des Schauspieles sind und als Repräsentanten der jüdischen Volksgeschichte nur in einem Cyklus ihre Berechtigung finden können, dessen Aufgabe es ist, eine abgekürzte Schilderung des Alten Testamentes zu geben: z. B. Seth, Melchisedeck, Eleazar, Ruth, Boas; dann die Reihe der Königsgestalten, von denen im Prophetenspiele einzig und allein David namhaft gemacht wird und eine Rolle spielt. Was aber vor allem gegen die Annahme der Weberschen Hypothese spricht, ist einmal die Verbindung des Weltgerichtes mit den Passionsscenen und dann die Darstellungen auf den Sockeln, welche die grossen Portalstatuen tragen. Denn das geistliche Schauspiel hat erst in viel späterer Zeit seine Ausdehnung auf die ganze Heilsgeschichte erfahren, und vorzüglich das Jüngste Gericht ist erst in allerletzter Zeit als dritter Teil des Schauspieles zu der Passion und dem Marienleben hinzugetreten. Scenen aus der Apostelgeschichte aber bleiben überhaupt ohne Analogon in den litterarischen Denkmalen. Die aus dem 12. und 13. Jahrhundert erhaltenen Aufzeichnungen geistlicher Schauspiele führen die Handlung bis zum Auftreten des Antichristes. Auch sämtliche von Weber angeführten litterarischen Denkmäler aus dem 14. und selbst noch 15. Jahrhundert schliessen teils mit dem Leiden Christi, teils sind sie nur Streitgespräche und führen keine Scenen aus der biblischen Geschichte auf. Weber ist nun der Ansicht, dass gewiss ausführlichere Aufzeichnungen von Schauspielen einst vorhanden gewesen, für uns aber verloren gegangen seien. Dagegen hätten sich solche in Denkmälern der bildenden Kunst erhalten, und diese müssten uns dazu dienen, die mangelhafte litterarische Ueberlieferung zu vervollständigen. Weber hat mit dieser Vermutung unzweifelhaft recht, nur können wir nicht zugeben, dass er zu diesem Zwecke den Freiburger Cyklus heranzieht. In diesem Falle hätten die Figuren von Kirche und Synagoge eine stärkere Hervorhebung erfahren müssen. Es ist allerdings wahr: sie stehen wie die »Ecksäulen« des ganzen Cyklus da, dass aber eine dramatische Verknüpfung zwischen ihnen anzunehmen sei, müssen wir in Abrede stellen. Das Portal enthält einfach eine äusserst sinnvolle Schilderung der ganzen Heilsgeschichte, die an originellen Zügen so reich ist, dass hier an keinen Zusammenhang irgend welcher Art mit dem geistlichen Schauspiele gedacht werden darf; es hiesse das nur die geistigen Urheber des Freiburger Cyklus ganz ungerechtfertigt herabsetzen und ihnen ihr grosses Verdienst, die Schöpfung eines harmonischen, völlig geschlossenen Bilderkreises ohne Grund rauben. —

Weber sieht mit Recht in dem Aufkommen des Antisemitismus im Mittelalter einen der Hauptgründe für die weite Verbreitung des Streitgespräches von Kirche und Synagoge. Da ist es nun sehr beachtenswert, dass 1264 bei Einführung des Fronleichnamsfestes in Freiburg die Judenspiele ihres aufreizenden Charakters wegen verboten wurden, eine plastische Darstellung derselben also kaum wahrscheinlich ist. Wir haben somit keinen Anhaltspunkt gefunden, der uns zwingen würde, ein Verhältnis anzunehmen, wie es von Weber substituiert wird. Im Gegenteil, es sind unserer Ansicht nach triftige Gründe genug vorhanden, welche eine Beeinflussung der Kunst durch das geistliche Schauspiel in unserem Falle ausschliessen.

[112] Vergleiche auch Piper, Mythologie der christlichen Kunst; I, p. 248—253.

[113] Das weltliche und verwerfliche Prinzip wird also in Freiburg wesentlich von seiner sinnlichen Seite gefasst, die Versuchung im allgemeinen durch die specielle der Lust ergänzt und gleichsam erläutert. Wenn wir uns nun daran erinnern, dass der Teufel im Mittelalter gewöhnlich in einer, dem antiken Satyrtypus stark angenäherten Form dargestellt wird, und wenn wir uns die von der antiken Mythologie fixierten Hauptcharakterzüge der Satyrn ins Gedächtnis zurückrufen, so möchten wir die Frage aufwerfen, ob hierdurch nicht vielleicht etwas sehr ähnliches ausgedrückt, kurz ob der Teufel damit nicht auch wesentlich von einer sinnlichen Seite aufgefasst werden soll? (Die Rolle, welche das semen diabolicum in wissenschaftlichen (!) Disputationen des späteren Mittelalters gespielt hat, ist hinreichend bekannt!)

[114] Ueber die Zunahme des Marienkultus im XIII. Jahrhundert siehe Schnaase, a. a. O. V², 4.

[115] Zugleich gehört aber Aaron auch zu den feststehenden Typen der Jungfrau Maria. Springer hat daher einmal (in Bezug auf die Goldene Pforte in Freiburg) gesagt: «An einem Marienportale kann Aaron nicht fehlen». (Mittlgn. d. k. k. Cent.-Kommission V, p. 32 Anmerk. 8.) Seine Anwesenheit in Freiburg ist also wohl begründet.

[116] Eine ganz neue Deutung der eben erwähnten Gestalten bringt Kempf (a. a. O. p. 304). Nach ihm bereiten die ersten vier Gestalten, welche auf die Voluptas folgen, «auf das Christentum vor: der Engel, aus dessen Munde Zacharias, da er im Tempel opfert, die Botschaft empfängt, dass sein Weib den Vorläufer des Heilandes gebären werde, dann Zacharias selbst in priesterlicher Kleidung, das Rauchfass in der Rechten, Elisabeth und endlich Johannes der Täufer. Der Zusammenhang ist hier so klar, dass die bisherigen abweichenden Deutungen in Erstaunen setzen müssen. Das Opfer Abrahams dagegen befindet sich vielleicht gegenwärtig nicht an seiner anfänglichen Stelle.» Wir würden dieser Erklärung schon um ihrer Einfachheit willen gern zustimmen, wenn sie es sich nur eben nicht zu einfach machte. Kempf zieht also den Engel mit dem Spruchbande: Ne intretis als Verkündigungsengel zu dem Zacharias genannten Aaron; dass er dabei jene Aufschrift gänzlich vernachlässigt, lässt sich durch den zweifelhaften Charakter aller Inschriften der Vorhalle vollkommen entschuldigen, dass er aber annimmt, die Verkündigung an Zacharias sei damals in genau derselben Weise wie die Verkündigung an Maria dargestellt worden, ist zum mindesten etwas gewagt. Abgesehen davon, dass der Engel, wie der Augenschein schon lehrt, durchaus als Einzelfigur und nicht als Glied einer Gruppe charakterisiert ist, dürfte es gewiss schwer fallen, zum zweiten Male eine ähnliche Darstellung der Verkündigung an Zacharias

aus dem XIII. Jahrhundert nachzuweisen. Uns ist eine Uebertragung des Motivs der Verkündigung an Maria auf Zacharias überhaupt unbekannt. Und dann, warum muss der Priester durchaus Zacharias sein? Unseres Wissens tritt derselbe in dieser Gestalt an keinem mittelalterlichen Kirchenportale auf, wogegen uns Aaron hier mehrfach begegnet. Ausser Kempf und Marmon hat daher auch noch Niemand daran gezweifelt, dass hier Aaron dargestellt sei. Und noch eins! Was wird aus der Gestalt Abrahams? wo denkt sich Kempf ihren ursprünglichen Platz? Für uns verbietet sich die Annahme der von ihm gegebenen Deutung schon dadurch, dass wir die Verkündigung an Zacharias bereits auf zwei Sockeln der grossen Portalstatuen nachweisen. — Aber selbst abgesehen von allem, was sonst noch gegen die Erklärung Kempfs spricht, würde uns schon ein rein künstlerischer Grund davon abhalten, ihr zuzustimmen. Es erscheint uns nämlich der Verfasser des Programmes unwürdig, anzunehmen, dass sie zweimal fast dieselbe Scene zur Verbildlichung bestimmt haben sollten; dazu besassen die Dominikaner von Freiburg einen viel zu guten und gewählten Geschmack.

117 Magdalenas Aufnahme in den Cyklus erklärt sich ausserdem noch aus dem Umstande, dass sie bereits im alten Chor des Münsters einen Altar, ja sogar einen ganzen kleinen Chor für sich allein und zwar im Untergeschoss des nördlichen Ostturmes aufzuweisen hatte. (Urkundliche Belege bei Schreiber, das Münster zu Freiburg im Breisgau. Zweites Textheft zur zweiten Lieferung der »Denkmale der deutschen Baukunst des Mittelalters am Oberrhein.« p. 6. Vergleiche auch Diöcesan-Archiv XXII, p. 248. Auszüge aus den Stiftungsbriefen der Münsterpfründen u. s. w. Der entsprechende Chor im südlichen Ostturm war dem hl. Nikolaus geweiht.) Ferner dürfen wir vielleicht auch darauf aufmerksam machen, dass die Jungfrau Maria in der mittelalterlichen Litteratur sehr häufig unter dem Bilde, »der Büchse, die Salbe trägt für alles Weh«, verstanden wird. (W. Grimm, Einleitung zur Goldenen Schmiede, p. XLV.) Denn damit wird Maria Magdalena, die in ihren Händen die Büchse trägt, aus welcher sie dem Herrn die Füsse salbte, gleichsam zu einem Typus der hl. Jungfrau, von der Konrad von Würzburg an einer Stelle seiner Goldenen Schmiede (Vers 806—811) sagt:

der siechen sêle wunden
verheilen kan din süezer list,
wan dû dem sündaere bist
ein salbe und luctwarje;
des wart wol innen Marje
Magdalêne und Affer.

Es ist ein eigentümliches Zusammentreffen, dass die beiden ältesten Glasmalereien, welche das Münster (aus noch romanischer Zeit) besitzt, gerade zwei wohlerhaltene Fenster mit den Figuren der hl. Atra und der Maria Magdalena sind.

118 Schnaase (a. a. O. p. 292. Anmerk. 1) bemerkt: »Maria Magdalena gleicht einigermassen den klugen Jungfrauen und mag daher diese äusserliche Rücksicht bestimmt haben, sie neben dieselben zu stellen, wie sie denn auch im Gedanken mit ihnen verwandt und zugleich auf eine lehrreiche Art verschieden ist.« Uns erscheint ihre Aufstellung neben den klugen Jungfrauen auch ohne Berufung auf ihr ähnliches Aeussere ganz sinngemäss.

119 Die Bezeichnung dieser Gestalt als Sarah begegnet vielleicht Widerspruch. Sie ist von Schnaase und anderen, allerdings ohne jede

Begründung, für Maria Jakobi erklärt worden, nur Bock hat sich für Sarah entschieden. Wir sind ihm gefolgt, weil uns die Sarah weit besser in den Gestaltenkreis des Cyklus hineinzupassen scheint als die Maria Jakobi. Denn sie wird in enge Verbindung mit Maria gebracht, ein für uns besonders schwerwiegender Grund! So sitzt sie bei Dante in einer Reihe mit Rahel, Beatrice, Rebekka, Judith und Ruth zu den Füssen der Jungfrau. (Paradies, XXXII. Gesang, Vers 7 ff.) Als letzte Deutungsmöglichkeit bliebe übrig, die Statue als Martha anzusprechen und zur Magdalena zu ziehen. Wenn sie zusammen auftreten, one represents the active, the other the contemplative Christian life (Jameson, Sacred and Legendary Art, Vol. I, p. 383). Aber diese Erklärung dürfte auf das XIII. Jahrhundert noch nicht zutreffen. Dazu kommt auch, dass wir wohl begreifen, wie die Magdalena schon des ihr im Münster geweihten Altars wegen in den Cyklus aufgenommen wurde, dass aber ein solcher Beweggrund einer Statue der Martha gegenüber wegfallen würde.

[119] Springer, Das Jüngste Gericht, Repert. VII, p. 382 f. Belege aus Miniaturen dafür bei Kraus, Geschichte der christlichen Kunst II, 1, p. 375 ff.

[120] Ferner werden wir in Rücksicht auf ihre Aufstellung neben der Ekklesia und der Synagoge daran erinnern können, dass die klugen und thörichten Jungfrauen in der bildenden Kunst wie in der Litteratur häufig im Gefolge jener beiden Gestalten erscheinen (siehe auch Weber, a. a. O.) und also auf diese Weise in Freiburg eine weitere Verbindung der beiden Teile des Cyklus herstellen; denn dass in unserem Falle die klugen Jungfrauen von der Kirche durch Christus getrennt sind, hat wenig zu sagen, da Christus als Schöpfer des Neuen Bundes und dann dieser selbst unter dem Bilde der Ekklesia nur zwei verschiedene Darstellungsformen desselben Gedankens sind.

[121] Die Absicht, in den thörichten Jungfrauen zugleich die Laster darzustellen und sie durch Hinzufügung der Voluptas und des als Calumnia gedeuteten Fürsten der Welt auf die übliche Siebenzahl zu erhöhen, sowie ihnen in den klugen Jungfrauen mit Hinzunahme der hl. Margaretha und Katharina die sieben Tugenden entgegenzustellen, dürfte kaum vorliegen, und diese Hypothese Bocks (a. a. O. p. 6 ff.) demnach als verfehlt anzusehen sein; zumal er es selbst bereits empfunden hat, indem er die mangelhafte Lösung dieses Vorwurfes durch die Schwierigkeit der Aufgabe zu erklären versucht hat. Wir brauchen also wohl keine besonderen Beweismittel gegen die Unhaltbarkeit seiner Annahme anzuführen. Schon unsere Deutung der allegorischen Gruppe der Welt verbietet uns, in ihren Figuren die Personifikationen zweier verschiedener Laster zu erblicken.

[122] Gerade die Gestalten der Wissenschaften sind es, welche den Erklärern bisher die grösste Schwierigkeit bereitet haben. Denn aus ihrer Aufstellung neben den thörichten Jungfrauen glaubte man einen ungünstigen Rückschluss auf ihren Charakter ziehen zu müssen. So hat man sich auch seit Schnaase fast durchweg gewöhnt, in ihnen die Vertreterinnen der Weltlichkeit und also etwas Verwerfliches zu erblicken. Der Protest Bocks (a. a. O. p. 38—40) gegen diese Anschauung ist wirkungslos verhallt. Es ist merkwürdig, wie sich dieser Irrtum solange erhalten konnte, nachdem schon Schnaase zugegeben hatte, dass «die Stellung der Wissenschaften nicht immer so ungünstig sei» (a. a. O. p. 292, Anmerk. 2). Seine Ansicht, dass die Wissenschaften nicht nur in Freiburg sondern «auch sonst entschieden als profan, dem Heiligen entgegengesetzt» erscheinen, müssen wir für die

Zeit des XIII. Jahrhunderts durchaus bestreiten. «Die Teilung in profanes und theologisches Wissen ist allerdings alt; in der Litteratur begegnet sie uns schon bei Cassiodor, dann bei Isidor, Alcuin und Rhabanus»; in der Kunst jedoch finden wir sie zum ersten Male in der Spanischen Kapelle in Florenz und in einem gleichzeitigen, verloren gegangenen Cyklus aus den Eremitani in Padua durchgeführt. (Jul. v. Schlosser, a. a. O. p. 143.) Schnaase kann also die Bilder der ersteren unmöglich als einen Beweis für seine Deutung anführen. Wissenschaft und Kirche bilden im XIII. Jahrhundert noch eine unzertrennbare Einheit: omnes artes divinae scientiae tanquam reginae famulantur, so fasst Vincentius von Beauvais ihr Verh"ltnis und mit ihm alle andern Gelehrten seiner Zeit. Vergleiche auch die instruktiven und ausführlichen Bemerkungen Pipers über «die fortdauernde Geltung der sieben freien Künste als Grundlage der allgemeinen Bildung und die Anerkennung der Theologie als ihres Gipfels» im Mittelalter. (Einleitung in die monumentale Theologie. 1867. p. 540—573 und besonders p. 552—555.) — Erst mit Duns Scotus (1261 oder 1274 geb.) «beginnt die durch die hellenistische Philosophie eingeleitete Verschmelzung des religiösen und wissenschaftlichen Interesses wieder auseinander zu gehen» (Windelband. Geschichte der Philosophie 1892. p. 248), und erst die Mystiker des XIV. Jahrhunderts stellen sich den Wissenschaften feindselig gegenüber. Die Viktoriner dagegen, besonders Hugo von St. Viktor, sind genaue Kenner derselben. Wie hätte es auch anders sein können, wächst doch die Mystik erst allmählich aus der von den Dominikanern vertretenen Scholastik heraus. Eckhart kommt in gerader Linie von Thomas von Aquino und dessen Lehrer Albertus Magnus her. Wie aber dieser letztere von den Wissenschaften dachte, zeigt eine Stelle seines Opus virginis gloriosae, aus welcher wir zugleich ersehen, welche Stellung die Jungfrau Maria nach der Auffassung des XIII Jahrhunderts zu den freien Künsten einnahm. Es heisst daselbst: Post hoc queritur de artibus liberalibus utrum et illas sauit in summo beatissima virgo. Et videtur quum sic: Sapina edificauit sibi domum, exadit columpnas septem. illa domus est beata virgo septem columpne sunt septem liberales scientie. igitur beata virgo habuit septem liberacium arcium scientiam. Auf die Beweisführung, welche in ganz scholastischer Weise und mit grosser Gelehrsamkeit erfolgt, brauchen wir hier nicht weiter einzugehen; der mitgeteilte Ausspruch des grossen Gelehrten genügt für unsre Zwecke vollkommen — als das Zeugnis eines Zeitgenossen, dessen Autorität auf kirchlichem Gebiete unbestritten ist. Die Statuen der Wissenschaften treten somit auch zur Maria in enge Beziehung und entsprechen darin in vortrefflicher Weise den alttestamentlichen Gestalten auf der andern Seite der Vorhalle, für die dasselbe gilt. Zeigten uns jene die geschichtliche Entwicklung und die Vorbereitung auf das Heil, so geben diese jetzt das Mittel an, wie der Mensch von sich aus zu dem Heile gelangen kann und soll; Denn «die Wiederherstellung des Menschen» nach dem Falle, das ist eben die Aufgabe der Wissenschaften in dieser Zeit. Die praktische Nutzanwendung dieser Lehre repräsentieren dann, wie im Texte ausgeführt wird, die Gestalten der hl. Margaretha und Katharina.

. [124] «Sic beata Margaretha habuit virtutem . . . . contra cordis passionem, id est, daemonis tentationem per victoriam, quia ipsa dyabolum superavit, ad spiritus confortationem per doctrinam etc. — Beata Margaretha fuit timoris Dei plena, justitia praedita, religione cooperta, compunctione perfusa, honestate laudabilis, patientia singularis, nihilque in es contrarium religioni christianae inveniebatur, odiosa patri suo, dilecta domino Jesu Christo.» (Legenda aurea (Graesse), editio tertia. Vratislaviae 1890. p. 400 und 403). Sie ist «the type of female innocence and meekness» (Jameson, a. a. O. Vol. II, p. 516) und die Patronin der Gebärenden, passt also sehr gut zu den Scenen der Verkündigung und Heimsuchung, welche auf der gleichen Seite der Vorhalle dargestellt sind.

[125] So finden wir sie in dem bereits genannten Mariale Alberti wegen ihrer Kenntnisse belobt: Item quidam sancti laudantur a talibus scienciis — sicut beatus Dominicus.... Item de beato Vincencio et de sancta Katharina et multis aliis. Sie ist die Patronin der Beredsamkeit, der Philosophie und der Wissenschaften überhaupt, «venerated by the men as the divine patroness of learning, and by the women regarded as the type of female intellect and eloquence as well as of courageous piety and chastity.» (Jameson, a. a. O. Vol; II, p. 468).

[126] Jameson, a. a. O. Vol. II, p. 467.

[127] Noch ein Wort zur Anordnung der Wissenschaften und der Statuen überhaupt! Denn diese war der Ausgangspunkt für die ungünstige Beurteilung der ersteren gewesen. Die nördliche (linke) Seite der Vorhalle ist, wie wir gesehen haben, mustergültig durchkomponiert und zeigt uns in äusserst klarer Weise, was den Verfertigern des Programmes vorgeschwebt hat. Aus der Gegenüberstellung des Christus zum Fürsten der Welt springt uns überzeugend in die Augen, dass in den Statuen dieser Reihe ein gegensätzliches Element obwaltet. Dem starken Zuge der Zeit nach Parallelismus folgend, müssen wir aber, halten wir daran fest, dass wir es hier mit einer festgeschlossenen Komposition zu thun haben, unbedingt ein gleiches für die andre Seite der Vorhalle in Anspruch nehmen und von vornherein sogar voraussetzen. Nun finden wir hier dem Portale zunächst durch die thörichten Jungfrauen das böse Prinzip vertreten, seinen Gegensatz also müssen wir in den noch übrigen Statuen erwarten: und das stimmt mit dem Thatbestand vollständig überein! Denn, was wir von den Wissenschaften zu halten haben, wird jetzt wohl zur Genüge klargestellt sein. Ihre Bedeutung für den Cyklus kann ebenso wenig wie die der hl. Katharina und Margaretha der Gegenstand eines Zweifels sein. — Wir erhalten somit wirklich eine genau abgewogene und streng durchgeführte, allerdings auf Gegensätzen beruhende Harmonie der einzelnen Teile des Cyklus, denn der Grundgedanke der Komposition ist auf beiden Seiten der Vorhalle der gleiche, nur dass die beiden den Charakter des Statuenkreises bestimmenden Faktoren auf der südlichen Wand eine Umstellung erfahren haben. Diese Vertauschung ist aber nur die notwendige Folge der Aufnahme der Parabel der klugen und thörichten Jungfrauen in den Cyklus. Verfehlt war es daher, aus dieser Notwendigkeit einen den Verfassern des Programmes durchaus fremden Grundgedanken abzuleiten. Wohin eine solche Deduktion führen musste, hat die zwar sehr scharfsinnige und geistvolle, aber zugestandenermassen gesuchte und, wie wir jetzt gesehen haben, unmögliche Erklärung Schnaases gezeigt. Bei unserer Deutung gewinnen wir — wenn auch wir etwas gesucht sein wollen — ein rhythmisch sehr belebtes Bild, indem die beiden Faktoren des Cyklus («Gut» und «Böse») in wechselndem Gegenspiele verwendet werden! Ueber das Endziel des Kampfes aber und über den einheitlichen Grundcharakter des Cyklus belehrt uns die Gestalt der Madonna, welche das Ganze dominierend an die Spitze der Komposition gestellt ist.

"⁸ Wir haben die Frage nach der allgemeinen Verständlichkeit des Cyklus in damaliger Zeit bereits einmal berührt und eine solche voraussetzen zu können geglaubt. Aber selbst wenn die tieferen Bezüge, welche die einzelnen Glieder seiner Reihe mit einander verknüpfen, vielleicht auch nicht jedem verständlich gewesen sein werden, so entbehrte doch das Ganze darum nicht eines gewissen volkstümlichen Charakters Denn der Cyklus enthält zum überwiegenden Teile historische Persönlichkeiten (die Heiligen sind ihnen zuzurechnen), und unter diesen fand sich der Besucher des Münsters rasch zurecht. Was aber die Gestalten der Kirche und Synagoge, der klugen und thörichten Jungfrauen, die Wissenschaften und die Gruppe der Welt anbelangt, so «darf man nicht glauben, dass das Mittelalter diese Gestalten so ansah wie wir, als willkürliche Einkleidung eines Begriffes; sie hatten eine viel kräftigere Bedeutung, sie waren nicht bloss ersonnen sondern auch überliefert . . . Daher nahm man auch keinen Anstand (wie wir es z. B. hier in Freiburg sehen), allegorische Gestalten mit völlig historischen oder wahren, z. B. mit dem Schöpfer und Christus redend und handelnd in unmittelbare Beziehung zu bringen . . . In der That war die Kluft zwischen jenen erdachten und diesen historischen Gestalten nicht so gross; der Dämmerschein des Ungewissen umgab mehr oder weniger die einen wie die undern». (Schnaase, a. a. O. IV.⁸ 66 passim). In unserm Falle kommt dazu, dass das Verständnis der Allegorie der Welt durch das Gedicht Konrads gewiss ganz erheblich erleichtert wurde; die Wissenschaften aber stellten sich gleichsam als die Vertreter des Dominikanerordens von Freiburg dar und waren überhaupt schon verständlicher, wenn auch auf die erklärende Beigabe von Repräsentanten wie in der Spanischen Kapelle von Florenz verzichtet wurde. — Zum Schluss geben wir Schnaase, der diese Seite der mittelalterlichen Kunst wie kein anderer verstanden und zu interpretieren gewusst hat, noch einmal das Wort; denn manchem wird eine Apologie des Cyklus, wie er sie hier giebt, willkommen, wenn nicht gar notwendig erscheinen. Er sagt (a. a. O. IV⁸, p. 2944): «Es ist uns, die wir an eine leichtere, mehr naturalistische Kunst gewöhnt sind und von ihr eine unmittelbare Verständlichkeit und eine Einwirkung auf die Stimmung erwarten, vielleicht schwer, uns mit dieser tiefdurchdachten Komposition zu befreunden. Die Zeitgenossen aber waren nicht nur mit dieser Symbolik im ganzen vertraut, sondern ihnen waren auch die einzelnen Beziehungen mehr oder weniger geläufig; sie waren daher im Stande, schnell die Bedeutung des Ganzen zu würdigen und dadurch Lust zu gewinnen, nun noch in langsamerer Betrachtung das Einzelne durchzugehen. Dann aber verstanden sie auch die feineren Motive im Gesichtsausdruck und in der Wendung der Gestalten, auf welche der Künstler durch jene symbolischen Beziehungen geführt war, und durch welche er versucht hatte, dieselben zu versinnlichen.»

¹¹⁸ Ob die Inschriften ihre ursprüngliche Fassung zeigen, muss natürlich dahingestellt bleiben (siehe Kapitel 2). Da wir aber ihren Inhalt in Uebereinstimmung mit der von uns bereits anderweitig festgestellten Bedeutung der Skulpturen finden, liegt kein Grund vor, sie nicht, wenigstens dem Sinne nach, als echt anzusehen. Nach Bock (a. a. O. p. 11 f.) ist die eine: Nolite exire «der Warnung vor den falschen Propheten entnommen, welche der Heiland bei Matth. XXIV, 26 ausspricht;» die andere: Vigilate et orate «wiederholt die Worte, welche der Heiland im Fortgang der Weissagung, die das zukünftige Weltgericht betrifft, verkündet.»

¹²⁹ Vergleiche die vortrefflichen, allgemeinen Bemerkungen Schnaa-

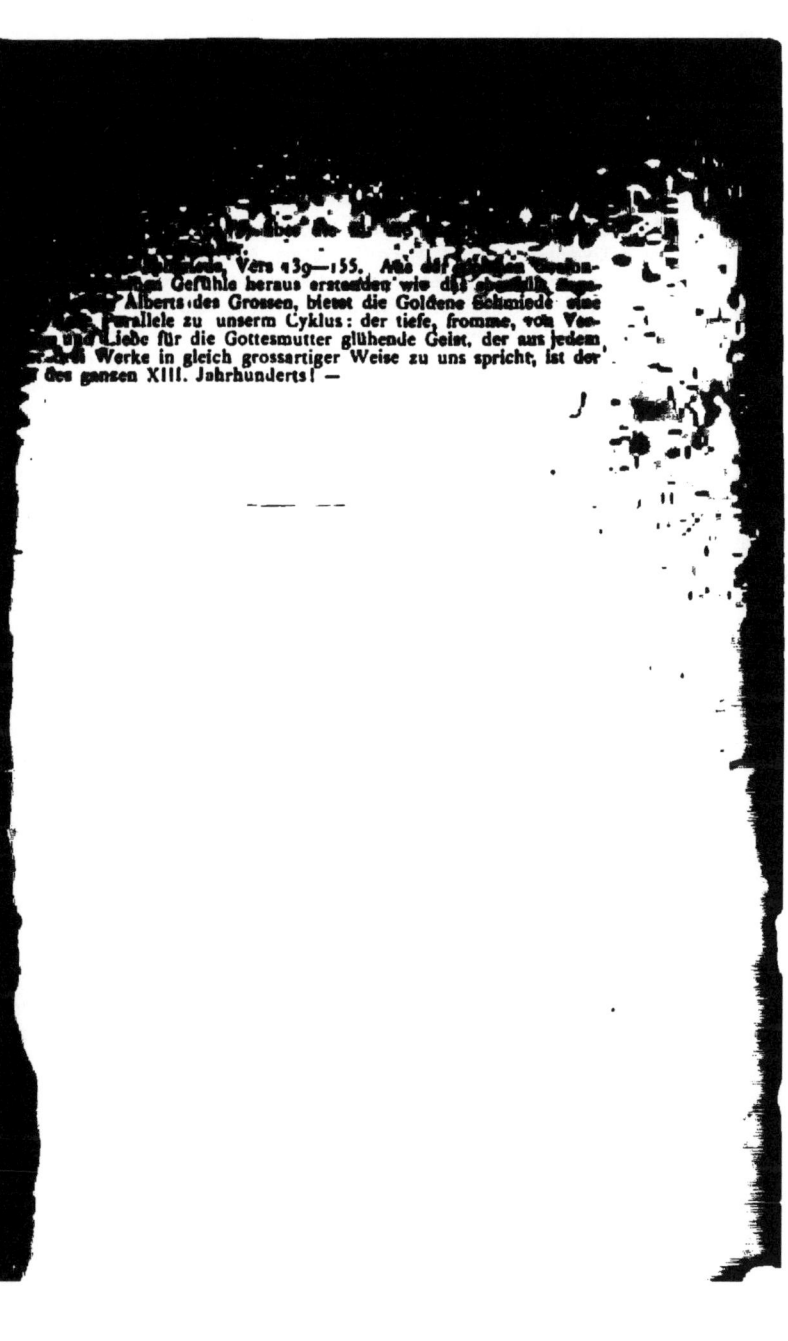

... Vers 139—155. Aus den gleichen Grundgefühle heraus erstanden wie die ebenfalls dem Alberts des Grossen, bietet die Goldene Schmiede eine Parallele zu unserm Cyklus: der tiefe, fromme, von Verund Liebe für die Gottesmutter glühende Geist, der aus jedem Werke in gleich grossartiger Weise zu uns spricht, ist der des ganzen XIII. Jahrhunderts! —

Lebenslauf.

Ich, Kurt, Karl, Friedrich Moriz-Eichborn, evangelischer Konfession, Sohn des Geheimen Kommerzienrates Philipp Moriz-Eichborn, Chefs des Bankhauses Eichborn & Cie. zu Breslau, bin daselbst am 4. Februar 1877 geboren. Bis zur Absolvierung des Abiturientenexamens Ostern 1895 besuchte ich das Breslauer Gymnasium zu St. Maria-Magdalena. Nachdem ich mich im Sommer desselben Jahres auf der Universität zu Freiburg i. B. zunächst in der juristischen Fakultät inskribiert und daselbst bei den Herren Professoren Eisele und Cosack juristische, sowie bei den Herren Privatdocenten Dr. von Térey und Sutter einige philosophische Vorlesungen gehört hatte, wandte ich mich bei Beginn des Wintersemesters dem Studium der Kunstgeschichte zu und inskribierte mich zu dem Zwecke für die beiden folgenden Semester in der philosophischen Fakultät der Universität München. Hier hörte ich Vorlesungen bei den Herren Professoren Furtwängler, Lipps, Muncker und Berthold Riehl. Im Winter 1896/97 besuchte ich auf der Berliner Hochschule die Vorlesungen der Herren Professoren Frey und Stumpf und des Herrn Privatdocenten Dr. Goldschmidt. Im Frühjahr 1897 machte ich eine zweieinhalbmonatliche Studienreise nach Italien, auf welcher ich besonders die florentinische Kunst berücksichtigte, und verblieb dann den Rest der Studienzeit vom Sommersemester 1897 an in Heidelberg, woselbst ich Vorlesungen der Herren Professoren von Duhn, Erdmannsdörffer, Exc. Fischer, K. Neumann, Schäfer und Thode hörte. Allen diesen meinen vorgenannten Herren Lehrern, insbesondere aber Herrn Professor Thode fühle ich mich zum tiefsten Danke verpflichtet.